科研写作技能一站式学习与实训平台

论文写作实用教程

初级

国高教育 编著

北京大学出版社
PEKING UNIVERSITY PRESS

图书在版编目（CIP）数据

论文写作实用教程：初级 / 国高教育编著.
北京：北京大学出版社, 2025.5. -- ISBN 978-7-301-35910-5

Ⅰ. H152.3

中国国家版本馆CIP数据核字第2025SK1190号

书　　　名	论文写作实用教程（初级）
	LUNWEN XIEZUO SHIYONG JIAOCHENG（CHUJI）
著作责任者	国高教育　编著
责 任 编 辑	滕柏文
标 准 书 号	ISBN 978-7-301-35910-5
出 版 发 行	北京大学出版社
地　　　址	北京市海淀区成府路205号　100871
网　　　址	http://www.pup.cn　新浪微博：@北京大学出版社
电 子 邮 箱	编辑部 pup7@pup.cn　总编室 zpup@pup.cn
电　　　话	邮购部 010-62752015　发行部 010-62750672　编辑部 010-62570390
印 刷 者	大厂回族自治县彩虹印刷有限公司
经 销 者	新华书店
	880毫米×1230毫米　32开本　6.5印张　162千字
	2025年5月第1版　2025年5月第1次印刷
印　　　数	1-7000册
定　　　价	59.00元

未经许可，不得以任何方式复制或抄袭本书之部分或全部内容。
版权所有，侵权必究
举报电话：010-62752024　电子邮箱：fd@pup.cn
图书如有印装质量问题，请与出版部联系，电话：010-62756370

《论文写作实用教程》（初级、中级、高级）
图书编委会

主　编：周传虎

副主编：刘小华　邢美蓉

编　辑：岳鑫鑫　胡乐浩　施利娟　张文静　章子雪　亓　钊
　　　　姚荣霞　林含笑　宋转坤　白玉盼　徐　帅　范　炜

推荐语 Recommend

《论文写作实用教程》（初级、中级、高级）最大的特色是介绍了很多新意十足的写作理念，比如专家作者与新手作者的角色差异、输入型写作与输出型写作的不同、论证型写作与求证型写作的区别，尤其是实践导向的问题观，使该教程显著区别于大部分同类图书。

——苏新宁 CSSCI 设计者，教育部长江学者，南京大学特聘教授

《论文写作实用教程》（初级、中级、高级）主要有 3 个特点：其一，实用性，该教程有贯穿始终的主线，即指导论文写作；其二，系统性，该教程分初级、中级、高级 3 册，内容循序渐进，讲解由浅入深，指导读者在论文写作方面从入门到精通；其三，有资料价值，该教程不仅对论文写作常用标准、规范进行了必要解读，还精选了近年来发表的优秀论文给予透彻分析，具有极高的资料价值。

——张品纯 北京卓众出版有限公司总编辑、编审，《学术论文编写规则》（GB/T 7713.2—2022）国家标准起草组组长

论文写作虽无定则，但有大体规范。《论文写作实用教程》（初级、中级、高级）按照由浅入深、由初级到高级的顺序，讲授了论文写作的技巧、方法和规范，既有理论内容，又有实践内容，非常适合研究生及青年教师阅读，能够帮助他们显著提高科研能力和写作水平。

——刘曙光 《北京大学学报（哲学社会科学版）》常务副主编，全国高等学校文科学报研究会理事长

《论文写作实用教程》（初级、中级、高级）阶梯式编排，形成了"基础、进阶、高阶"三维写作理论体系。该教程以论文的全流程写作为主线，融合案例解析、模板工具和实战技巧，适合科研新人用于打基础、学术进阶者用于能力提升、高校教师用于教学参考，是论文写作领域具有重要参考价值的专著。

——魏均民 中华医学会杂志社社长兼总编辑，中国科技期刊编辑学会副理事长兼秘书长

《论文写作实用教程》（初级、中级、高级）有着清晰的结构和深入浅出的语言，系统讲解了论文从选题到发表的诸多步骤。具体而言，该教程结合大量实例，不仅逐步进阶地介绍了不同学科、不同类型论文的选题重点、结构差异、文献检索与引用方法、各部分内容的写作技巧与格式规范，还辅以初级、中级、高级能力测试试卷，帮助读者评测知识掌握程度、回顾书中要点。无论是对初涉科研工作的高

等院校的学生来说，还是对希望稳步提高研究与写作能力的青年学者来说，该教程都是其论文写作路上的得力助手。

——任胜利 《中国科学》杂志社总编辑，
《学术论文编写规则》（GB/T 7713.2—2022）国家标准主要起草人

想写出高质量的论文，需要接受专业的指导并不断实践、练习。《论文写作实用教程》（初级、中级、高级）系统且全面地解读了选题、研究设计、研究实践、数据收集与分析、结构搭建与内容填充等论文写作全过程，涵盖不同学科、类型的论文写作，内容由浅入深，既有理论指导，又有案例介绍，堪称学生、教师及研究人员必备的论文写作方面的实用教程与参考书。

——张铁明 北京林业大学期刊中心总编辑，
中国高校科技期刊研究会理事长，
《学术论文编写规则》（GB/T 7713.2—2022）国家标准主要起草人

《论文写作实用教程》（初级、中级、高级）是我近年来读过的最具系统性的论文写作指南：初级重点介绍论文写作规范、投稿/答辩技巧，为读者夯实基础；中级重点介绍论文写作实操方法、数据库检索技巧，帮助读者提升学术素养；高级直击学术研究与理论创新，覆盖论文研究与写作的全流程，带读者完成相关知识的融会贯通。该教程有着科学的阶梯式设计，堪称科研工作者必备的从入门到精通的"写作智库"。无论是学术新人，还是资深科研工作者，都有希望借

助该教程突破论文写作瓶颈，持续进阶！

——刘志强 上海大学期刊社副社长，
《学术论文编写规则》（GB/T 7713.2—2022）国家标准主要起草人

《论文写作实用教程》（初级、中级、高级）是极具价值的论文写作指南，能如明灯般照亮研究者的前行道路，助力其学术写作能力的不断提高。该教程严格遵循最新的学术规范和标准进行设计与写作，系统、全面地帮助读者构建起完整的论文写作知识体系和进阶路径，能够同时满足深耕领域不同的读者的需求，具有广泛的适用性。

——刘冰 中华医学会杂志社副社长，
《学术论文编写规则》（GB/T 7713.2—2022）国家标准主要起草人

《论文写作实用教程》（初级、中级、高级）对论文写作基础知识进行了全面讲解，对论文写作基本流程进行了细致梳理，对论文写作前的选题、文献检索等工作及写作中的谋篇布局、内容安排、结构组织等工作进行了详尽阐释，建立了论文写作的底层逻辑和思维架构。相信读者能够通过阅读该教程，掌握所需要的知识、技巧，增强论文写作的底蕴、信心，提高所写论文的质量。

——梁福军 《中国机械工程学报》原副主编，
《机械工程学报》编辑部原副主任，
《学术论文编写规则》（GB/T 7713.2—2022）国家标准主要起草人

序 言
Preface

  《论文写作实用教程》（初级、中级、高级）即将出版。

  在本教程的写作、出版过程中，国高教育的内容团队反复、多次打磨书稿，从写作阶段的消除口语化问题，到编校阶段的逐字逐句勘误，再到准备付梓阶段的邀请专家、学者鼎力推荐，相关人员付出了极大的心血。我们真诚期待本教程出版后，能够成为广大读者在论文写作过程中的良师益友。

  国高教育从事论文写作教育培训13年，一路披荆斩棘地谋求发展、壮大，回首过去，我们内心五味杂陈。培训工作中，我们既经常为学员成功发表论文或通过论文答辩而由衷地高兴，又经常为学员未能得到论文发表机会或未能通过论文答辩而忧心、焦虑。我们与学员的目标是一致的，都希望相关论文能够顺利地通过审核、最大程度地发挥其价值。

  无可回避的是，虽然我们的服务口号是"让天下没有难写的论文"，但是对正在论文写作过程中艰难探索的学员而言，很多具体的困难是客观存在的、无法忽视的。这些困难的存在及学员提出的针对性极强的意见，是我们的培训课程多次迭代的强大动力。如今，国高教育已经成为科研写作培训行业内的头部企业，影响力和知名度都在快速提升，得到了越来越多研究人员及高校师生的认可，这是对我们最大的慰藉。

很多时候，我会觉得我国的论文写作教育发展得实在是太慢了。2014年，我们第一次讲论文写作公开课的时候说，希望有更多高校教师和行业同仁，尤其是已经突破了论文写作瓶颈的高校教师和行业同仁，能够多站出来讲讲论文写作。但时至2025年，仍然有很多高校教师和行业同仁觉得与学术研究相比，论文写作不上档次，讲相关课程不如讲专业课能够展现自己的实力。如今，清华大学、哈尔滨工业大学、上海交通大学等名校已经在论文写作相关课程的建设方面做出了积极探索，但整体而言，国内高校在论文写作实操层面的教育教学探索非常有限，这种情况的直接后果是高校教师以为自己会写论文，学生也会写论文，学生也以为自己会写论文，但实际上这只是假象和错觉，真正面对论文写作时，太多人笔下无言。

我们以前会把出现这种情况的原因归结为古代"重道轻术"传统的不良影响、高校科研急功近利的不良趋势，以及大众分不清"学习"与"研究"的普遍状态。但最近，我们发现原因没这么简单，国内的高等教育课程体系的设置逻辑很可能出了问题，比如，通识性的语言课程、逻辑课程、思维课程、审美课程是缺失的。相关通识性课程的缺失，抽空了论文写作的培养基础，而所谓的"技巧"，并没有大家想象的那样有用。我们一向反对对写作技巧的过度追捧，因为写作技巧不难学习与掌握，很难在短时间内悟透的是写作技巧背后的逻辑与思维过程。

序 言

国高教育 13 年论文写作教育培训课程的精髓是"理论与实践的循环",这同样是本教程的精华,具体而言,就是"论文写作前,从实践中来;论文写作中,理论为实践服务;论文写作后,到实践中去"。在论文写作实操中,将理论与实践结合好的难度非常大:一方面,很多硕士、博士毕业后直接进入高校担任教师的作者对实践的了解太少,做不到让自己的论文选题"从实践中来",更做不到让自己的论文在写作后"到实践中去",这样的论文,在理论指导实践、实践反哺理论的深度方面是有劣势的;另一方面,很多在各行业内工作多年的作者"理论指导实践"的能力较差,从反方向制约着论文研究与写作的质量。国高教育的论文写作教育培训课程和本教程的核心内容都是建立在"打通理论与实践的循环"的基础上的,没有这个前提,很多写作观念、操作建议的作用会大打折扣。

在本教程的内容设计方面,初级教程侧重介绍论文的形式,重点回答了"什么是论文",非常适合刚接触论文写作的学者阅读,帮助相关读者从了解论文写作的形式规范开始,夯实基础,逐步进阶;中级教程侧重介绍论文的逻辑,重点回答了"论文为什么是这样的",非常适合正在尝试探索论文写作逻辑,不满足于"知其然",在追求"知其所以然"的学者阅读,帮助相关读者从获得"鱼"到获得"渔(的方法)",稳步提高论文研究与写作的能力;高级教程侧重介绍论文写作的观念,以优秀选题为例,延伸介绍了大量的实操性内容,重点回答了"优秀论文有哪些特点",非常适合学术基础良好的学者、讲授论文写作课程的高校教师、研究论文写作的同行阅读,帮助相关读者将知识融会贯通，显著提升论文写作素养。

高级教程中的很多论文写作观念是我们迫切希望通过本教程传播、推广的，期待读者和我们一起努力，共同助力我国论文写作教育事业的发展与进步。

各级教程正文内容后的测试题是论文写作能力、论文写作指导两项技能证书课程考试的样题，对更多试题感兴趣的读者可以关注题库"www.xueshuxiezuo.com"。

在本教程的写作、出版过程中，很多前辈、同仁给予了我们无私的帮助。

我们要真诚感谢公司特聘的首席专家、南京大学的苏新宁教授，感谢《学术论文编写规则》（GB/T 7713.2—2022）国家标准起草组的张品纯组长和任胜利、张铁明、刘志强、刘冰、梁福军等主要起草人，感谢中华医学会杂志社的魏均民社长和《北京大学学报（哲学社会科学版）》的刘曙光常务副主编，他们的鼎力推荐为本教程增色良多。

我们要特别感谢北京大学出版社的魏雪萍主任。是因为有魏主任的如炬慧眼，才有了本教程的出版。魏主任不仅早在2023年冬天就联系到我们，商讨本教程的选题，还在书稿编辑过程中付出了大量的心血，帮助本教程有了更高的质量和更大的价值。此外，还要感谢胡利国、李凌、王烽、郭会平、滕柏文等专家与编辑，在本教程的出版过程中，他们不厌其烦地与我们沟通、优化图书选题、结构，以及无数行文细节，让我们感受到了北京大学出版社的严谨与专业。

序 言

我们要衷心感谢 13 年来国高教育的 10 万余名学员、200 余万线上粉丝，他们参加培训时的认真、写作时的严谨、论文发表后的喜悦……种种场景，历历在目、恍如昨日。此外，还要感谢 13 年来曾给予国高教育各种批评、意见、建议的朋友，与学员、粉丝群体的支持一样，这些反馈也为我们的不断努力提供了宝贵的动力。

当然，我们更要感谢公司的所有员工和他们的家属。包括我和我的妻子杜海霞博士、我们的两个女儿在内，公司 150 余名员工及其家属日日夜夜、一点一滴、默默无闻地支撑着公司的发展。

最后，我们要对每一位正在写论文、需要写论文的人说："如果你是一名学生，请告诉自己，论文写作是一项技能，需要学习才能掌握；如果你是一名教师，请告诉你的学生，论文写作是一项技能，需要学习才能掌握；如果你是科研写作培训领域的我们的同行，请告诉你的学员，论文写作是一项技能，需要学习才能掌握。"

之所以不断重复"论文写作是一项技能，需要学习才能掌握"这句话，是因为这个十分简单的道理我们已经对无数人讲了 13 年，仍觉一己之力、一家公司之力的有限。我们相信，当这一观念被大部分人接受的时候，"天下没有难写的论文"这一期待会成为现实！

《论文写作实用教程》（初级、中级、高级）图书主编

山东国高教育集团创始人

周传虎

2025 年 5 月于山东济南

目 录

01 Chapter 论文的定义与分类 ... 001
一、论文的基本定义 ... 002
二、论文的国标分类 ... 002
  （一）学术论文 ... 003
  （二）学位论文 ... 003
  （三）科技报告 ... 003
三、论文的日常分类 ... 004
  （一）根据用途分类 ... 004
  （二）根据学科门类分类 ... 005
  （三）根据研究层次分类 ... 005

02 Chapter 论文写作的学科差异 ... 007
一、自然科学与工程技术领域的论文写作 ... 008
二、人文社会科学领域的论文写作 ... 009

03 Chapter 论文选题的理解 ... 013

一、论文选题的概念辨析 ... 014
（一）选题与标题、题目 ... 014
（二）选题与方向、主题、问题 ... 015

二、论文选题的词性界定 ... 016
（一）论文选题的动词性界定 ... 016
（二）论文选题的名词性界定 ... 017

三、论文选题的问题意识 ... 018
（一）问题意识 ... 018
（二）问题的理论性 ... 019
（三）问题的创新潜力 ... 019

04 Chapter 论文选题的两种操作 ... 021

一、论文选题的传统操作 ... 022
（一）思考聚焦，确定研究方向 ... 022
（二）文献检索，缩小研究方向 ... 022
（三）亮点创新，确定论文选题 ... 023

二、传统选题的常见障碍 ... 023
（一）多种因素交织陷入矛盾 ... 023
（二）研究方向太大或者太旧 ... 024
（三）文献数量太多或者太少 ... 024
（四）经常遗忘阅读文献的目的 ... 025
（五）难以判断研究主题的价值 ... 025
（六）研究重点的聚焦规律不明 ... 026
（七）语言表达能力有所不足 ... 026

（八）专业知识积累明显不够..................027
　三、论文选题的高效操作..................027

05 Chapter 研究方法的选择与确定 030
　一、选择研究方法的外在原因..................031
　二、选择研究方法的内在原因..................034
　三、确定研究方法的过程..................035
　　（一）选择研究方法..................035
　　（二）对论文进行谋篇布局..................036
　　（三）确定研究方法..................037

06 Chapter 研究方法的谱系（一） 038
　一、研究方法的发展历史..................039
　二、研究方法的辨析重点..................040
　　（一）研究逻辑不同..................040
　　（二）研究重点不同..................040
　　（三）研究难度不同..................041
　　（四）学科差异并不绝对..................042
　三、思辨研究方法及其举例..................042

07 Chapter 研究方法的谱系（二） 044
　一、量化研究方法及其举例..................045
　二、质性研究方法及其举例..................046
　三、混合研究方法及其举例..................049

08 引言的形式结构与学科差异 051
一、引言的形式结构 052
（一）研究理由 053
（二）研究目的 053
（三）研究计划 054
二、引言的学科差异 054

09 引言的范文分析 056
一、自然科学与工程技术实验论文的引言 057
二、人文社会科学思辨论文的引言 059
三、人文社会科学实证论文的引言 061

10 主体的形式结构与学科差异 065
一、主体的形式结构 066
（一）导入性要素 067
（二）过程性要素 067
（三）结果性要素 067
二、主体的学科差异 068

11 主体的范文分析 070
一、自然科学与工程技术实验论文的主体 071
二、人文社会科学思辨论文的主体 072
三、人文社会科学实证论文的主体 074

目录

Chapter 12 结论的形式结构与学科差异 077
- 一、结论的形式结构 078
  - （一）理论性要素 079
  - （二）实践性要素 080
  - （三）评价性要素 080
- 二、结论的学科差异 082

Chapter 13 结论的范文分析 084
- 一、自然科学与工程技术实验论文的结论 085
- 二、人文社会科学思辨论文的结论 086
- 三、人文社会科学实证论文的结论 087

Chapter 14 摘要的形式结构与学科差异 090
- 一、摘要的形式结构 091
  - （一）背景性要素 092
  - （二）分析性要素 092
  - （三）结果性要素 092
- 二、摘要的学科差异 093

Chapter 15 摘要的范文分析 096
- 一、指示性摘要 097
- 二、报道性摘要 098
- 三、报道-指示性摘要 099
- 四、人文社会科学思辨论文的摘要的特殊性 101

16 标题与关键词的相关知识、范文分析 102

一、标题的相关知识..103
 （一）标题的形式结构..103
 （二）标题的学科差异..104
 （三）标题的写作要求..105

二、关键词的相关知识..105
 （一）关键词的形式结构......................................106
 （二）关键词的写作要求......................................107

三、标题与关键词的范文分析..................................107

17 注释与参考文献的相关知识、范文分析 ... 111

一、注释与参考文献的全面理解..............................112
 （一）注释与参考文献是论文的论据......................112
 （二）注释与参考文献没有数量规定......................112
 （三）注释与参考文献的使用有明显的学科差异......113

二、注释与参考文献的形式结构..............................113
 （一）注释与参考文献的写作标准..........................114
 （二）注释与参考文献的引用格式..........................115

三、注释与参考文献的范文分析..............................115
 （一）注释的范文分析..116
 （二）参考文献的范文分析..................................117

Chapter 18 附加信息的相关知识、范文分析 119

一、附加信息的全面理解 120
（一）论文主体之前的附加信息 120
（二）论文结论之后的附加信息 121
（三）页码 121
（四）特殊语言 121
（五）投稿信 122

二、附加信息的形式结构 122
（一）题名 123
（二）作者及其工作单位 124
（三）作者简介 125
（四）文献标志码、中图分类号与收稿日期 125
（五）基金项目 125
（六）通讯地址 126

三、附加信息的范文分析 126

Chapter 19 学位论文答辩的相关知识 129

一、学位论文答辩的性质/功能 130
（一）严格的论文审查形式 130
（二）公开的学业水平考试 130
（三）学术交流与学术指导 130
（四）具有仪式感的"学术成人礼" 131
（五）现代学位教育制度的组成部分 131

二、学位论文答辩的现场情况 131
（一）学位论文答辩的5个环节 132

（二）答辩人回答环节的两种安排 132
　　（三）学位论文答辩现场的3个角色 133
　　（四）答辩委员会的成员数量 133
　　（五）答辩结论的4种情况 134
　　（六）学位论文答辩的安排没有一定之规 134
三、学位论文答辩的相关问题 134
　　（一）深层问题：对话还是指导 135
　　（二）核心问题：考试还是仪式 135
　　（三）难点问题：大胆尝试还是避重就轻 136
　　（四）专家提问：质疑还是建议 136
　　（五）答辩心态：坚持己见还是谦卑恭顺 137
　　（六）专家提问的两个常见方向 137

Chapter 20 学术论文投稿的相关知识 138

一、学术论文投稿的现状 139
二、学术论文投稿的程序 141
　　（一）选择目标期刊 141
　　（二）经历审稿流程 141
　　（三）获知投稿结果 143
三、学术论文投稿的注意事项 143

Appendix 附录 论文写作能力（初级）试卷 145

一、判断题 145
二、单选题 149
三、多选题 166

Chapter

01

第一章

论文的定义与分类

  论文是讨论或研究某种问题的文章。具体而言，论文是描述研究成果的工具，写论文是讨论、研究问题的手段。国家标准分类方面，论文包括学术论文、学位论文和科技报告；日常分类方面，可根据用途、学科门类和研究层次对论文进行划分，其中，研究层次可分为基础研究、应用研究和开发研究。了解这些知识点，对于理解论文的类型和特征具有重要意义。

一 论文的基本定义

《现代汉语词典（第七版）》界定，论文是讨论或研究某种问题的文章。通过这个定义，我们可以看出，论文是描述研究成果的工具，它可以把我们前期研究的成果、观点、发现表达出来。实际工作中，写论文是我们讨论或研究问题的常用手段，因此，论文不仅是研究完成后描述研究成果的结果性工具，还是研究过程中推动研究、与研究并行的过程性工具。

在学术语境中，论文指讨论或研究学术问题的文章——与其他领域不同，在学术领域，我们讨论和研究的问题都是学术问题。学术论文是典型的论文之一。

二 论文的国标分类

国标，是对国家标准的简称。使用不同的分类方法，可以对论文进行多种形式的分类。基于1988年1月1日起实施的《科学技术报告、学位论文和学术论文的编写格式》（GB/T 7713-1987）（现已废止，有更为细分的新版标准），通常所说的论文包括3种常见的类型,即学术论文、学位论文和科技报告。

(一) 学术论文

学术论文是对某个学科领域中的学术问题进行研究后,记录科学研究的过程、方法及结果,用于进行学术交流、讨论或出版发表,或用作其他用途的书面材料。这是 2023 年 7 月 1 日起实施的现行国家标准《学术论文编写规则》(GB/T 7713.2-2022)对"学术论文"的界定。

(二) 学位论文

2007 年 5 月 1 日起实施的现行国家标准《学位论文编写规则》(GB/T 7713.1-2006)将学位论文定义为"作者提交的用于其获得学位的文献",常见的学位论文有博士毕业论文、硕士毕业论文、学士毕业论文。

(三) 科技报告

2014 年 11 月 1 日起实施的现行国家标准《科技报告编写规则》(GB/T 7713.3-2014)将科技报告定义为"进行科研活动的组织或个人描述其从事的研究、设计、工程、试验和鉴定等活动的进展或结果,或描述一个科学或技术问题的现状和发展的文献"。

国家标准中的论文既包括学术领域内部的学术论文,又包括毕业前提交的学位论文,还包括科技工程领域使用的科技报告。其中，科技报告在自然科学与工程技术领域使用得比较多，在人文社会科学领域使用得比较少。学位论文是大多数人最熟悉的论文，容易与学位论文混淆的是刊登在学术期刊上的专业论文——在国家标准中，这种论文叫作学术论文。日常工作中，还有一种比较常见的论文是会议论文，根据国家标准，会议论文也属于学术论文，也就是说，学术论文包括学术期刊专业论文和会议论文。在更加细致的梳理中，学术论文还包括一种常见的论文，被称为课程论文或者学业论文，即学生在学期末或学年末，为了完成某门课程，给老师、学校提交的小论文——按照国家标准，课程论文/学业论文也属于学术论文。

针对论文的分类，实际工作中多有不同的说法。只要不与国家标准相悖，大家可以博采众长、自行取信。

论文的日常分类

除了根据国家标准进行分类，我们经常使用的论文分类方法还有以下 3 种。

（一）根据用途分类

根据用途分类，可以把论文分为期刊论文、学位论文、会议论文、课程论文。

期刊论文里比较知名的是国内的《中文核心期刊要目总览》所录期刊刊登的论文、"中文社会科学引文索引"数据库收录的期刊论文，国外的"科学引文索引"（简称SCI）、"社会科学引文索引"（简称SSCI）、"艺术与人文科学引文索引"（简称A&HCI）、"工程索引"（简称EI）等数据库收录的期刊论文。

学位论文、会议论文、课程论文，在国标分类中都有提及，此处不再赘述。

（二）根据学科门类分类

根据学科门类分类，可以把论文分为人文科学类论文、社会科学类论文、自然科学类论文、工程技术类论文等。各学科内可继续细分，每年会产生大量的学术论文，比如文学论文、历史论文、哲学论文、教育论文、数学论文、化学论文，都是根据学科门类分类的结果。

（三）根据研究层次分类

根据研究层次分类，可以把论文分为基础研究论文、应用研究论文和开发研究论文。这种论文分类标准比较小众，但对高校老师而言是很熟悉的，因为课题申报环节的课题分类与此相同。

一般而言，基础研究是数学、物理、化学等基础学科中的研究，但注意，其他学科，比如部分人文学科，也可以做基础研究。也就是说，这个分类的标准和学科的划分并不是一一对应的。同理，虽然普遍认为数学、物理、化学等基础学科中的大部分研究是基础研究，但是这些基础学科中的研究也有非基础研究，不可一概而论。

应用研究论文，更多的是工程技术领域的研究论文，该领域的大部分研究是应用研究。

容易与应用研究混淆的是开发研究。开发研究偏技术，同样多出现在工程技术领域，比如，针对新材料、新工艺进行的研究属于技术开发，叫作开发研究。

实际工作中，有一个分类始终难以界定，即人文社会科学领域的研究论文属于什么类型的研究论文。按照目前的分类惯例，人文社会科学领域的研究论文可以根据实际情况分属于上述3种类型，实际划分过程比自然科学与工程技术领域的研究论文的划分过程复杂一些。我们可以认为，文学、历史、哲学、艺术等学科中，有很多研究是基础研究，因为其社会实用性、有用性不那么明显，但是对社会发展而言非常重要。与之相对，经济管理、教育等学科中，有很多研究更像自然科学与工程技术领域的应用研究，因为其社会实用性、有用性比较明显。政治学、社会学、新闻传播学、图书情报学等学科同理，每个学科中都会有属于应用研究的研究。在人文社会科学领域，开发研究很少，但不能说完全没有，比如，图书情报学、工程管理学等学科专门开发出了一项技术辅助实践，对应的研究应属于开发研究。综上所述，针对人文社会科学领域的研究论文，要具体情况具体分析，根据其研究内容做分类。

Chapter 02 第二章

论文写作的学科差异

在第一章中,我们强调了论文既是研究完成后描述研究成果的结果性工具,又是研究过程中推动研究、与研究并行的过程性工具。

论文与研究密不可分。理论上,先有研究,后有论文,因为论文是描述研究成果的工具。但是,实践中,研究和论文的先后关系存在学科差异——大部分人文学科会强调论文是描述研究成果的结果性工具,而很多社会科学学科会同时强调论文的两种工具属性,即同时强调论文的过程性和结果性。在当前的学术环境中,有些学科认为论文的成文和研究的推进是可以并行的,甚至认为论文的成文是可以先于研究的推进的。各种观点正确与否,我们暂且不论,重要的是通过这一现状我们能够看出,不同学科对该问题的理解是有差异的,有的学科更关注论文的结果性工具属性,有的学科则更关注论文的过程性工具属性。

一、自然科学与工程技术领域的论文写作

在自然科学领域，很多研究方法基本不涉及实验证明、应用技术开发，比如对数学公式的推导。很多数学论文专注于推导数学公式，因为数学公式是一种学科语言，比如，刊登在 2023 年第 5 期《中国科学：数学》上的《广义齐次核重积分算子最佳搭配参数的等价条件及应用》。

实验研究，是工程技术领域比较常见的研究方法。很多实验研究论文详细介绍了实验过程中的方方面面，因为这就是研究重点，比如，刊登在 2023 年第 4 期《中国科学：技术科学》上的《基于电喷印集成制造阵列化嵌金属电极柔性微流体管道》，该论文在第二部分详细地为读者交代了研究涉及的实验材料等。

在自然科学与工程技术领域，不管是数学公式推导论文，还是实验研究论文，都是"结果"和"过程"并重的。两者中，更有代表性的是数学公式推导论文，把数学公式从头到尾推导一遍，论文的主体内容就出来了，而不是先把论文的主体内容写完，再单独进行公式推导。实验研究论文也有类似的特点，从准备材料、设备开始，逐步记录如何使用材料、操作设备，直至得到实验结果，只要把实验过程记录下来，论文的主体内容就基本写完了。

由此可见，"结果"与"过程"并重的论文是真实存在的。

人文社会科学领域的论文写作

人文社会科学领域的论文多为实证研究论文,包括定量研究论文和定性研究论文。

不管是定量研究论文,还是定性研究论文,都既要呈现研究过程,又要呈现研究结果。

举个例子,刊登在2023年第5期《南开经济研究》上的《配偶退休会改变中老年人的健康行为吗?——断点回归的经验证据与Becker利他主义的理论解释》,一开始便告诉读者该研究依托什么数据,使用什么方法、软件进行数据分析,得到什么结果,在此之后把研究过程记录下来,基本上就完成论文主体内容的写作了。

再举一个例子,刊登在2023年第3期《信息资源管理学报》上的《在线品牌社区用户参与价值共创的互动行为转换机制——基于扎根理论的研究》是一篇定性研究论文,研究依托的是扎根理论。在这篇论文中,讲到了需要针对什么人做什么访谈,访谈资料拿回来之后需要使用什么软件、什么方法进行编码,编码的过程是怎么样的……扎根理论有三级编码,论文具体展示了三级编码的过程后,编码的结果就出来了,论文也基本进入了收尾阶段。这是社会科学领域中的实证研究论文,我们可以看到,它和自然科学与工程技术领域中的数学公式推导论文、实验研究论文是有相似之处的——非常注重对研究过程的记录，且会对研究结果进行呈现。

在人文社会科学领域，还有一种比较常见的研究类型。从研究范式的角度看，可称其为思辨研究。思辨研究论文有不同的写法。

接下来以两篇思辨研究论文为例，给大家介绍思辨研究论文的写法。

如果论文本身是依靠文献综述展开的，那么，它的研究过程往往与研究结果交织呈现。比如，刊登在2018年第9期《高教探索》上的《翻转课堂的本土化困境与游戏化策略》，开篇提出问题，第二、三部分陈述关于翻转课堂本土化困境的正反两种观点——正反两种观点的陈述逻辑都是先完成文献综述，再表达自己的观点。这篇论文大概有70%的篇幅属于文献综述，这是一种思辨研究论文的写法。

刊登在2023年第2期《中国文艺评论》上的《"诗本位"并非"诗画高低论"——中国古典诗画关系再探》与《翻转课堂的本土化困境与游戏化策略》有所不同，不是依靠文献综述展开的，而是依靠逻辑推理展开的。这种论文更多的是在呈现研究结果，往往不会对研究过程进行详细的描述。从结构上看，这种论文很像我们读中学时写的议论文。在《"诗本位"并非"诗画高低论"——中国古典诗画关系再探》这篇论文中，第一部分的小标题是"中国诗的'本位'即'出位'"，该部分举了很多例子，用以论证"中国诗的'本位'即'出位'"这个观点。与前面提到的几篇论文相比，它有什么内容没有展示呢？小标题提炼出的这个观点是怎么来的，没有得到展示。

如果是数学研究，会展示一系列数学公式的推导过程，我们一步一步跟着作者的思路走，会看到研究结果是怎样推导出来的；如果是实验研究，我们也可以跟着作者的思路走，一开始如何做、中间如何做、最后如何获得实验结果，清晰明了；如果是依靠文献综述展开思辨研究，首先提出问题，其次分别阐述正方观点、反方观点，最后作者表达自己的观点，我们可以看到作者的观点是如何依托正反双方的不同观点提炼出来的。最后这种写法与前三种写法都不同，是先有观点，再针对观点展开论证——我们看不到观点是怎么来的，这是这种写法与前三种写法的最主要的区别。当然，在用最后这种写法撰写的论文中，作者的观点不是凭空产生的，大多是对其日积月累的学识、长期研究的结论的总结与提炼，只是未在论文写作中呈现这一过程。

不同学科的论文的差异与其使用的研究方法密切相关，我们看到的文献综述、思辨论证、（基础研究中的）专业公式推导、实验研究等，都是研究方法。不同学科常用的研究方法不同，论文必然会写成不同的样子，而在"论文和研究的关系"这个问题上出现不同的理解，是情理之中的事。

从传统的逻辑推理、文献综述等人文主义研究方法，到近代兴起的实验研究，再到如今从实验研究中分化出来的量化、质性实证研究等研究方法，从方法史发展的角度看，研究方法的演进显著地影响了不同学科对论文写作，以及论文与研究的关系的理解，这是论文写作、论文与研究的关系等方面的学科差异出现的根源。

如今，随着跨学科、交叉学科研究的发展，论文写作的学科差异是越来越模糊的。比如，人文学科开始尝试让自己的研究更数据化、更科学。又如，社会学科的定量研究越来越多。再如，经济学研究越来越重视对数据、模型、公式进行总结与提炼，呈现出数学化趋势。

这些变化，是我们应该高度关注的。

Chapter 03 第三章

论文选题的理解

　　论文选题是论文标题的雏形,需要与论文标题,及论文的研究方向、研究主题、研究问题进行明确区分。一般而言,针对"论文选题",有动词性和名词性两种界定。

　　好的论文选题应带着问题意识提出,发现并求解理论困惑或实践困惑,具备理论性且能将实践现象理论化。此外,有创新潜力,能给出创新回答,才能确保有研究价值。

一、论文选题的概念辨析

论文选题是论文标题的雏形，出现在论文写作之前，较为模糊，仅大致指明研究内容。相较于论文选题，论文标题更清晰、专业，能体现研究深度、方法及结果。此外，论文选题需要与论文研究方向（宽泛领域）、研究主题（具体焦点）及研究问题（待解难题）相区分。

（一）选题与标题、题目

论文选题与通常所说的论文标题、论文题目有什么区别？我们写论文的时候，经常说我的论文标题或论文题目是什么，不常提及论文选题，导致很多人对论文选题很陌生。

论文选题与论文标题、论文题目有很大的不同。

论文标题和论文题目基本同义，只是不同人的习惯用法不同，接下来统一用"论文标题"指代。论文选题是论文标题的雏形，出现在论文写作之前，论文标题可以在论文写作之前出现，也可以出现在论文写作完成时。一个论文选题，可能只有一两句话，也可能包含非常完善的写作思路，经过对论文的写作、修改，可以将论文选题提炼、优化为论文标题。

因此，我们说论文选题是论文标题的雏形。

举例来说，"教师道德身份的发展历史考察"仅指明要对教师道德身份进行历史梳理，应该为一个选题，完成论文写作、修改之后，在组织论文标题时，应该使之更专业、更吸引人，比如组织为《偶像的黄昏：教师职业"道德赋值""去道德化"及其伦理困境》。

直观地看，我们可以发现，论文选题和论文标题的区别很明显——论文选题比较模糊，只是大概让我们知道作者要在论文中研究什么；论文标题非常清晰，除了让我们知道作者要在论文中研究什么，研究到什么程度、如何研究、研究的结果是什么等，也会尽可能多地呈现给我们。

（二）选题与方向、主题、问题

除了区分论文选题和论文标题，我们还需要区分论文选题与论文研究方向、研究主题、研究问题。

我们通过举例直观展示论文选题与论文研究方向、研究主题、研究问题的区别。

作者 A 是数学专业的，主要研究线性代数；作者 B 主要研究文艺理论；作者 C 专精于经济学，主要研究应用经济学、理论经济学。其中，"线性代数""文艺理论""应用经济学""理论经济学"都可以成为研究方向，是大于论文选题的。

从研究方向中，我们可以提取研究主题。比如，在"线性代数"这个研究方向中，我们可以有针对性地研究某一个数学公式，这就叫研究主题。又如，在"文艺理论"这个研究方向中，我们可以有针对性地研究某一个文艺批评理论，这也叫研究主题。再如，在"应用经济学"这个研究方向中，我们可以研究理性决策，这同样叫研究主题。

研究主题不同于研究问题，"批评的过度阐释""电商直播中消费者的购买决策"等是研究问题。

选题，就是在确定研究主题的基础上推导出研究问题，比如，确定"理性决策"这个研究主题后，进一步推导出"电商直播中消费者的购买决策"这个研究问题。

以上介绍的是论文选题与论文研究方向、研究主题、研究问题的区别，值得仔细辨析。

论文选题的词性界定

从概念上讲，针对"论文选题"有两种理解：一种是动词性理解，另一种是名词性理解。

（一）论文选题的动词性界定

将"论文选题"作为一个动词来理解时，指选择研究问题。注意，不是选择研究方向，不是选择研究主题，更不是简单地写一个论文标题。

选择一个什么样的研究问题？我们一般认为是选择一个理论问题，这个理论问题应该具有创新潜力。也就是说，如果拿来研究，其最终产生创新性成果的可能性是很大的。

这是我们要选择的研究问题的特征。

我们平时写论文时经常遇到一种情况——自己所关注的问题不是理论问题，而是实践问题。这种时候，要多做一步——将实践问题理论化，即用理论语言把实践问题、实践现象概括出来。

不管怎样，我们确定的研究问题必须是一个理论问题。

这是对"论文选题"的动词性理解。

（二）论文选题的名词性界定

将"论文选题"看作一个名词，理论上的理解和日常理解有一个易混淆之处。比如，我们写一篇论文，指导老师说该论文的选题不好，很多时候说的是论文研究的问题不好、不够创新，或者理论性、学术性不足，即更多的是否定论文的研究问题，而非否定论文的标题，甚至论文的研究方向。

因此，"选题"是动词性的还是名词性的，在不同的场景中，需要有精确的判断。

具体而言，当别人说我们的选题不好的时候，他是在说什么？我们要准确理解对方的本意。很少有人会说我们的论文的研究领域不好，因为我们的学科、专业是固定的，每个学科、专业每年都会出不少优秀论文；也很少有人会说我们的论文的研究方向不好，因为每个研究方向都有很多人研究，研究方向是无所谓好坏的。说我们的选题不好，更大的可能性是说我们的研究问题不好，这时候，我们应该后退一步，回到研究主题上，重新寻找一个更好的研究问题。

总之，从"论文选题"的词性界定角度讲，别人评价我们的"论文选题"时具体评价的是什么，需要我们特别注意。

论文选题的问题意识

好的研究问题，第一，必须是带着问题意识提出的，即能发现并求解理论困惑或实践困惑；第二，必须具备理论性，即能直接提出理论问题或能将实践问题理论化；第三，必须有创新潜力，能够给出创新回答，确保有足够的研究价值。

（一）问题意识

选题，就是选择一个好的研究问题。那么，好的研究问题是什么样的呢？接下来，我们详细聊聊。

别人评价我们的论文选题时，有时会说："你的问题意识差，没有好的研究问题。"这说的是什么呢？在论文写作中，所谓"问题意识"，指我们对理论层面、实践层面的现状产生困惑，并对困惑展开求解的意识。别人说我们的问题意识差，很可能是在说我们发现并解决理论层面或者实践层面的现状问题的能力不足。

举个例子，家务劳动，我们经常在日常生活中见到。家务劳动无法直接产生经济价值，那么，家务劳动的有用性是什么？这可能成为我们的一个困惑。对相关情况产生困惑，并能通过研究进行求解，就叫作有问题意识。

（二）问题的理论性

进行论文选题时，我们确定的研究问题必须是理论问题。

举个例子，假如准备以实践层面的"家务劳动"为研究主题，必须对它进行理论化，即根据不同的学科、专业、研究方向，对它的理论价值进行深入挖掘——经济学方面的研究者可以研究"家务劳动的经济价值是什么"，传播学方面的研究者可以研究"家务劳动的文化价值是什么"，教育学方面的研究者可以研究"家务劳动的教育价值是什么"。

从学科知识的角度出发，观察、研究实践层面的现象，就叫作实践问题的理论化。

（三）问题的创新潜力

对写论文来说，只是找到理论问题远远不够，我们必须确定所研究的理论问题是有创新潜力的，即经过一番努力，我们写完论文之后，能够对相关问题给出创新回答。

比如，经济学方面的研究者针对"家务劳动"主题展开经济学研究，可以聚焦于家务劳动的经济价值及其机会损失测算，即从经济学的角度入手算一算家庭主妇的家务劳动到底值多少钱、其经济价值到底有多少，以及从事家务劳动让家庭主妇损失了什么。

又如，教育学方面的研究者针对"家务劳动"主题展开教育学研究，可以聚焦于家庭主妇从事家务劳动的教育意义——如今，我们非常重视家庭教育，家庭教育有一个重要组成部分是劳动教育，家长在家里进行家务劳动，这种以身作则的劳动教育的教育意义是非常重大的。如果没有家长的家务劳动示范，孩子的成长会损失什么？这是一个很好的相关主题的教育学研究问题。

此外，我们可以进一步扩大研究范围，针对不同国家、不同地区展开研究。比如，比较中国家庭和美国家庭中妻子从事家务劳动的经济价值——她们付出同样的时间、精力，对应的经济价值可能是不一样的。这就是我们所讲的问题的创新潜力，算出家务劳动的经济价值后，我们就能够对"家务劳动的有用性是什么"这个疑问给出非常清晰的回答。

总之，要想在选题环节提出好的研究问题，第一，要有比较强的问题意识；第二，要能直接提出理论问题或能将实践问题理论化；第三，要选择有比较大的创新潜力、创新空间的理论问题。

Chapter
04
第四章

论文选题的两种操作

本章对论文选题的传统操作及其常见障碍进行透彻分析,并介绍一种高效选题方法,即通过确定研究主题、提出研究问题和选择研究方法,先确定选题,再检索文献,提高选题效率和选题的创新性。

一、论文选题的传统操作

大部分人完成论文选题,会经历如下 3 个步骤。

(一)思考聚焦,确定研究方向

确定研究方向的思考,一般聚焦于自己的学科、专业。比如,参考指导老师的研究方向或请指导老师推荐研究方向。又如,明确自己对学科、专业内的哪些研究方向感兴趣。再如,复盘自己已经掌握的学科、专业知识,选出想要深入研究的方向。

围绕我们的学科、专业,慢慢聚焦,直至选定一个研究方向,这是完成论文选题的第一步。

(二)文献检索,缩小研究方向

完成论文选题的第二步是围绕选定的研究方向检索文献,一边检索,一边进一步思考,逐渐缩小研究方向。通过对文献数据库进行检索,我们可以全面了解目标研究方向上的已有研究,判断要不要继续缩小研究方向,甚至判断要不要放弃在这一研究方向上的研究。

如果发现目标研究方向上的已有研究非常多,我们有两个选择:其一是考虑放弃这一研究方向;其二是认真地看一看他人是怎么研究的,根据他人的研究,进一步优化我们的研究思路。

(三) 亮点创新，确定论文选题

创新，可以是研究思路、角度、方法上的独树一帜，也可以是观点、见解上的独到、新颖。不断缩小研究方向并确定自己的研究有创新亮点后，我们的论文选题基本上就能够确定了。

传统选题的常见障碍

以上是论文选题的传统操作步骤，看起来挺简单的，但在选题的实际操作过程中，我们需要直面非常多的问题。

(一) 多种因素交织陷入矛盾

指导老师的研究建议和我们的个人兴趣之间有矛盾怎么办？比如，指导老师让我们写的论文选题，我们不感兴趣，而我们想写的论文选题，得不到指导老师的支持。

我们的兴趣和知识积累之间有矛盾怎么办？比如，我们对某个论文选题非常感兴趣，但是了解得不多、专业知识积累不足，而另一个已有素材较多、专业知识积累程度较高的论文选题不在我们的兴趣点上，我们并不想对其进行深入研究。

……

以上情况并不罕见，很多人曾在论文选题的过程中遇到。

(二) 研究方向太大或者太旧

比如，我们确定的研究方向太大怎么办？又如，我们想出一个研究方向，打开文献数据库一查，发现有很多人研究；换了一个研究方向，一查，还是有很多人研究，迟迟无法确定研究方向怎么办？再如，我们有一个较新的研究方向，但找不到该研究方向上的新颖的、有价值的研究问题怎么办？

这些问题，都是我们完成论文选题时的常见问题。

(三) 文献数量太多或者太少

确定研究方向后去检索文献，是能检索到的文献多比较好，还是能检索到的文献少比较好？

若能检索到的文献非常多，我们会本能地认为，既然已有研究很多了，我们就最好不要再写了。但是，如果反过来，我们将研究方向输入文献数据库一查，发现没有人写过，我们要不要写？既然文献非常多不行，那么，是不是文献越少越好呢？答案是否定的。文献过少的话，连参考文献都找不到，怎么写？

文献太多不行，太少也不行，有多少文献才是合适的呢？这是很多人百思不得其解的问题。

由此，引申出另外一个问题——我们把研究方向输入文献数据库去检索，首要目的是什么？正确的答案是判断我们准备研究的内容有没有创新性。过于关注已有文献的数量，是一个偷梁换柱的表现：把"准备研究的内容有没有创新性"置换成了"已有文献多不多"。对此，我们需要反思：文献的多少究竟是不是判断研究是否有创新性的标准？文献多的研究方向不便创新，文献少的研究方向就一定容易创新吗？

这些问题非常值得思考。

（四）经常遗忘阅读文献的目的

批判性思维不强的人，读文献的时候很容易陷入"进得去，出不来"的困境。

将文献下载、打开、阅读，很简单，但是读着读着，脑海中有时会不由自主地出现如下问题。

> 人家的论文写得真好，我再怎么努力都很难写得像人家一样好。
> 这篇论文写得这么差都能刊登，我的论文怎么就难以被学术期刊选中呢？
> ……

读文献时过多地受类似问题的影响，有时甚至会让我们忘了自己为什么要读相关文献。这是一种思维方式方面的问题，只能靠自己尽快意识到并尽力纠正。

（五）难以判断研究主题的价值

由于专业知识储备有限或实践经验不足，有时候，我们没有足够的能力判断目标主题到底有没有研究价值。

比如，我们确定研究主题后拿给指导老师看，指导老师往往会很快地给出指导意见，表示这个研究主题挺好的，或者这个研究主题不行，需要换一个，好像能够很轻易地判断各研究主题到底值不值得研究。反观我们自己，经常很难准确判断研究主题的价值，有时，我们觉得挺好的研究主题，到了指导老师那里会被迅速否认，而我们仔细一思考，自己也觉得确实不行。

持续积累实践经验并增加专业知识储备，能帮助我们提高判断能力。

（六）研究重点的聚焦规律不明

从学科、专业，到研究方向，再到研究主题、研究问题，是怎样一步步聚焦的？有没有明确的规律呢？选题过程中，有太多障碍和问题，每个问题都可能需要用很长时间去解决，甚至有的问题可能一直解决不了。这方面的规律很难用文字提炼，多依靠经验、直觉把握，需要我们全面提高，从量变到质变。

（七）语言表达能力有所不足

对论文选题与写作来说，不断提高语言表达能力是很重要的事。语言表达能力不足，会不断遇到表达不清楚想要表达的意思的情况，比如自己想得挺好，写得也很开心，但读者很难理解你在写什么。

选题，可以只有一两句话，比较简单。如果连一两句话都表述不清楚，说明语言表达能力亟待提高。

（八）专业知识积累明显不够

在论文选题与写作的过程中，感觉专业知识积累不够是一个常见的问题，别说是本科生，就是硕士研究生、博士研究生，也经常遇到这种问题。这时候应该怎么办？在专业知识积累不够的情况下，能不能写论文？能不能找到优秀的论文选题？答案是"不一定"。不断积累和精进是最好的破局方法。

总之，在论文选题过程中，我们经常遇到各种各样的障碍、问题。面对这些障碍、问题，我们应该积极反思论文选题的传统操作有无不当之处，能否更高效地完成论文选题。接下来，我们换一种操作试试。

论文选题的高效操作

论文选题过程有几个重要步骤，第一是明确研究方向，第二是在明确研究方向的基础上确定研究主题，第三是提出研究问题，第四是选择研究方法。基于此，高效选题的3个关键环节分别是确定研究主题、提出研究问题和选择研究方法。具体而言，这3个关键环节有哪些高效操作呢?

下面用一个例子为大家直观呈现选题过程。

假设我们的研究领域是经济学,在经济学中,我们对家庭经济学最感兴趣,就可以在这个研究方向上确定自己的研究主题,比如"家务劳动"。既然是做经济学研究,我们当然要从经济学角度入手研究"家务劳动"这个主题,比如,聚焦"家务劳动的经济价值是什么"这个研究问题。怎样才能知道家务劳动的经济价值有多大?必须合理选择研究方法,以便顺畅地推进研究,比如,选择使用替代成本法。按照这样的思路梳理下来,我们可以很轻松地明确"基于机会成本的家务劳动经济价值测算及其补偿"这样一个选题。

在这个例子中,确定研究主题、提出研究问题、选择研究方法等几步,我们都没有查文献,也就完全不清楚在目前的文献数据库里,针对这个问题的研究是多还是少。我们只是凭兴趣依次确定了研究主题、提出了研究问题,并选择了合适的研究方法,明确了我们的选题。

再举一个例子。

假设我们的研究领域是教育学,在教育学中,我们对家庭教育学最感兴趣,就可以在这个研究方向上确定自己的研究主题,比如"家庭教育"。在"家庭教育"中,如果还是聚焦于"家务劳动",我们应该从教育学的角度入手去研究,比如研究"家务劳动的教育价值"这个问题。做这个研究,我们可以选择使用什么研究方法？如果我们打算组织访谈，就可以选择使用访谈法，形成选题"基于深度访谈的家务劳动教育价值评价及其补偿"。

举一反三，我们可以假设自己是其他学科、专业的研究者，按照同样的思路思考，确定选题并不困难。

先确定选题，再检索文献是一种不错的选题方法，一般来说，这样确定的选题，已有文献不会很多，创新性是能够过关的。

以上，是为大家展示的一种不同于传统操作的论文选题操作。

Chapter 05 第五章

研究方法的选择与确定

研究方法既是研究问题、实现创新的工具和手段,又是推动论文写作的基础。使用不同的研究方法,决定了论文有不同的外在形态。

选择研究方法的外在原因

使用不同的研究方法研究、写作的论文，有不同的呈现效果。下面举例说明。

《广义齐次核重积分算子最佳搭配参数的等价条件及应用》是一篇数学论文。从引言开始，一直到论文结束，都是对数学公式的推导。

《基于电喷印集成制造阵列化嵌金属电极柔性微流体管道》是一篇实验研究论文。引言之后，先交代实验材料、实验设备和实验方法，再介绍设备制备的流程，最后给出结果并引出讨论话题。

《配偶退休会改变中老年人的健康行为吗？——断点回归的经验证据与 Becker 利他主义的理论解释》是一篇量化研究论文。引言及文献综述之后，依次交代实践背景、数据来源及变量，最后展示实证研究设计。在实证研究设计中，先使用断点回归建立模型，再进行方法适用性检查、实证结果验证，论文中有多条实证结果，用表格的形式进行了呈现。

《在线品牌社区用户参与价值共创的互动行为转换机制——基于扎根理论的研究》是一篇使用扎根理论研究法完成研究的论文。引言及文献梳理之后，详细交代了研究方法，具体包括研究方法是什么、数据是怎么收集的等。明确研究方法之后，介绍了如何分析数据，强调了要对数据文本进行编码，并讲解了使用什么软件编码、编码包括哪些不同的层次，如开放编码、主轴编码、选择编码。论文中，每个编码都有自己的表格，相关内容均得到了清晰地展示。论文的最后，推导出来一个模型，并对这个模型进行了详细的解释。这是一篇典型的质性研究论文。

《翻转课堂的本土化困境与游戏化策略》是一篇综述性思辨研究论文。引言及文献综述之后，先介绍第一种观点（翻转课堂遇到了本土化困境），再介绍第二种观点（翻转课堂发展良好，没有遇到困境），最后表述作者自己的观点。

《"诗本位"并非"诗画高低论"——中国古典诗画关系再探》是一篇人文学科的评论性论文。引言及文献综述之后，先介绍第一种观点（中国诗的"本位"即"出位"），再展开论证第二种观点（"诗画高低论"之媒介功能修正），最后呈现第三种观点（回到中国诗：文化地位及艺术蕴涵）。

通过上述实例，我们可以看到，使用了不同研究方法的论文，有不同的呈现效果。不同的研究方法决定了论文有不同的外在形态，因此，对论文写作而言，选择合适的研究方法是非常重要的。

选择研究方法，一方面要明确哪种研究方法是最适合解决目标研究问题的，另一方面要明确选定的研究方法可以解决哪些问题。不同的研究方法能解决的问题是不一样的，解决不同的问题需要使用的研究方法也是不一样的。选择研究方法的重点是保证我们所选择的研究方法是适合解决目标研究问题的，两者要高度匹配——如果两者无法匹配，对论文写作而言是一个硬伤。原因很简单，如果我们使用的研究方法解决不了我们的目标研究问题，对应的研究结论是靠不住的。

比如，前文提到的使用扎根理论研究法完成研究的论文《在线品牌社区用户参与价值共创的互动行为转换机制——基于扎根理论的研究》，研究对象是在线品牌社区用户参与价值共创的行为机制。针对这个研究对象，我们认为使用扎根理论研究法完成研究是适合的。着手研究前，我们需要重点考虑两点内容：第一，为了明确价值共创的行为机制，我们需要选择使用什么样的研究方法；第二，扎根理论研究法主要用于解决什么问题。扎根理论研究法是运用系统化的程序，针对某一现象，发展并归纳式地引导出理论模型的一种定性研究方法，特别适合用于解决模糊不清的问题。显然，该研究方法与"明确价值共创的行为机制"这一研究目的及所研究的问题是高度匹配的。

注意，在研究和写作的不同阶段，可能会出现同时使用多种研究方法的情况。一篇论文，不同的部分可能需要解决不同的问题，若写作前选择的研究方法只适用于解决其中某个或某几个问题，写作过程中需要灵活变通，及时更换研究方法。完整地写完一篇论文，使用了不同的研究方法，各方法之间相互补充，共同助力解决该论文的终极问题，这种情况很常见。

比如，《基层政府社会矛盾治理能力评估指标体系构建研究——基于扎根理论的视角》这篇论文，先基于扎根理论构建了指标体系的理论模型，后以构建的理论模型为基础，开发量表，进行了量化研究，是在研究与写作的过程中更换研究方法的典型例子。先构建理论模型，再依托已有数据进行回归分析也是常见的论文写作思路之一，凡此种种，皆可证明研究方法是为研究实践服务的，适时更换研究方法是正确的研究思路。

选择研究方法的内在原因

如今，研究方法的选择是否合理是判断研究质量与论文质量优劣的标准之一。换句话说，选择使用什么研究方法、所选择的研究方法是否适合用于解决目标研究问题等，是评估研究做得好不好、论文写得好不好的显性标准之一。这与成绩好坏不是评判能力强弱的唯一标准，但是是最直观的评判标准之一的道理一致，毕竟，研究方法选择正确不一定研究得好，但研究方法选择错误大概率研究得不好。因此，我们必须高度重视研究方法的选择。

此外，我们要注意，研究方法并不是只有实证研究。

研究方法包括实证研究和思辨研究，实证研究可细分为量化研究、质性研究、混合研究等，思辨研究包括文献综述、史料分析、逻辑推理等。当前，研究方法的选择趋势是实证研究越来越多，思辨研究越来越少，但这并不意味着写论文必须使用实证研究方法，根据需要解决的目标研究问题选择使用最合适的研究方法才是正确的研究思路。

确定研究方法的过程

撰写论文时，首先，根据目标研究问题的性质选择合适的研究方法，如概念研究、关系研究、实验研究；其次，根据选择的研究方法设计论文结构，需要注意的是，使用思辨研究方法时，需要以成熟的理论为框架；最后，进一步明确所选择的研究方法，如具体到质性研究中的某种技术，验证其是否适用于解决目标研究问题，并评估实施的可行性。只有经过这些步骤，确保所选择的研究方法既适用，又可行，才能正式开始研究。

（一）选择研究方法

选择合适的研究方法，前提是明确目标研究问题的性质。

研究问题的性质，可以大致分为 3 类：一类是概念研究，即对抽象的概念进行研究；一类是关系、机制研究；还有一类是实验研究。从大类上看，实验研究主要集中于自然科学与工程技术领域，而人文社会科学领域的研究多为概念研究和关系研究。

总体而言，概念研究适合使用思辨研究方法，但也有部分概念研究适合使用实证研究方法中的质性研究方法；关系研究相对而言更适合使用实证研究方法，尤其是实证研究方法中的量化研究方法和质性研究方法。从这个角度入手进行梳理，可以发现根据研究清晰度排序，研究方法有一个过渡光谱——思辨研究的清晰度不如实证研究，实证研究中，质性研究的清晰度不如量化研究，量化研究可以继续细分，其中清晰度最高的是实验研究。

（二）对论文进行谋篇布局

选择研究方法之后，要根据研究方法对论文进行谋篇布局，因为研究方法是推动论文写作的基础，使用不同的研究方法，决定了论文有不同的外在形态。

研究方法的选择对论文形态的影响，本章第一部分已经详细介绍过，这里不再赘述，大家明确一点即可：各种研究方法，不管是谁使用，对应的论文形态基本一致，因为论文形态和作者关系不大，和研究方法的特点密切相关。

需要特别强调的是，如果选择使用思辨研究方法，一般要以成熟的理论为框架依据。虽然思辨研究的清晰度不如实证研究高，但并不代表选择使用思辨研究方法就可以随意地调整论文的框架、结构。思辨研究方法的使用难度非常大，且同样要求相关论文的谋篇布局、形式结构有依据，以成熟的理论为框架依据有助于避免我们在研究过程中过于发散、过于天马行空，能帮助我们更高效地完成论文写作。

(三) 确定研究方法

选择研究方法并使用所选择的研究方法对论文进行谋篇布局之后，我们要对该研究方法进行进一步的明确，并且进行适用性验证和可行性验证，具体如下。

第一，进一步明确所选择的研究方法。比如，我们不仅要明确目标研究是实证研究中的质性研究，还要从很多质性研究方法中选择具体的研究方法，如扎根理论、民族志，不能笼统地说自己使用的是质性研究方法。

第二，进行研究方法的适用性验证。验证所选择的研究方法是否适用于解决目标研究问题，即所选择的研究方法是否能够支撑目标研究问题的解决，如果不能，要及时更换研究方法。

第三，进行研究方法的可行性验证。若研究方法非常明确，也适用于解决目标研究问题，但是我们不会使用或没有条件使用，那么短期来说，这个研究方法是不可行的，同样需要及时更换研究方法。

只有依次通过以上3项"考验"，才可确定研究方法，正式进入研究阶段。

Chapter 06
第六章

研究方法的谱系（一）

研究方法经历了先从思辨研究到实验研究，再从实验研究中分化出实证研究（含量化研究、质性研究和混合研究）的演变，不同的研究方法在研究逻辑、重点、难度及学科应用等方面有不同的特色。

选择研究方法时，应以服务于研究实践为考虑重点，学科差异不应该成为选择研究方法的限制条件之一。

研究方法的发展历史

在人类科学发展史上,最早出现的是思辨研究。

思辨研究的历史非常长。从古希腊时期开始,一直到中世纪(公元 5 世纪后期到公元 15 世纪中期)结束,思辨研究是学术研究的主要范式。这一时期,在学术界,人文科学发展迅速,对应的是自然科学的发展受到抑制。

中世纪结束之后,尤其是进入公元 16 世纪之后,自然科学飞速发展起来,科学研究范式逐步流行。科学研究以实验研究为主,不仅在物理、化学领域流行,在工程技术领域也常有相关实践。

到了公元 18 世纪,从实验研究中分化出来的实证研究越来越常见,这种研究方法不仅在自然科学领域备受追捧,在人文社会科学领域也颇受赞誉——以往长期奉行人文主义的文科研究人员开始接受科学主义。这一时期,量化研究和质性研究得以慢慢普及。

20 世纪 50 年代之后,质性研究得到了飞速发展,又过了 20 余年,70 年代、80 年代,质性研究和量化研究结合的混合研究也慢慢发展了起来。

时至今日,我们可以看到,不同的研究范式和研究方法是并存的。当前,在人文科学领域,主流的研究仍然是思辨研究,但是实证研究在慢慢地增加;在社会科学领域,思辨研究越来越少了,实证研究占主流，尤以质性研究和量化研究最为突出；在自然科学与工程技术领域，实验研究长期占据主流地位，质性研究和量化研究较少，思辨研究依然存在，但是也较为少见。

研究方法的辨析重点

关于研究方法，有几个辨析重点，需要特别注意。

（一）研究逻辑不同

思辨研究的研究逻辑是典型的演绎逻辑，我们需要根据不同的研究目的、目标研究问题等选择使用不同的思辨研究方法，因为不同的思辨研究方法的研究逻辑不同。

实证研究的研究逻辑以归纳逻辑为主，特别关注从个别到一般。需要注意的是，实证研究中的质性研究和量化研究有所不同，质性研究的研究逻辑是典型的归纳逻辑，量化研究的研究逻辑则可根据实际情况灵活偏向于归纳逻辑或演绎逻辑，甚至归纳逻辑和演绎逻辑共存，互为补充。

（二）研究重点不同

我们通常认为，思辨研究更适合用于发现问题，因为批判思维、逻辑思维、创新思维等都在发现问题方面有较为突出的优势；质性研究更适合用于描述问题，通常能够更为高效地把问题描述清楚；量化研究更适合用于深入、细致地分析问题，即不仅要将问题描述清楚，还要条理清晰地将问题分析透彻。比如，A概念和B概念是什么关系？针对这一问题，使用量化研究方法要优于使用质性研究方法或思辨研究方法。

不同的研究方法有不同的研究重点，优势和劣势都很明确，因此，针对不同的问题，要合理选择不同的研究方法。

（三）研究难度不同

看起来，思辨研究较容易，因为没有太多的条条框框，而实证研究较难，因为限制、规则较多。但实际上正相反，思辨研究的难度最大。

为什么呢？因为从研究过程、写作过程上看，实证研究是有章可循的，我们可以在明确的限制和规则之内，使用经过反复优化的方法、遵循久经验证的步骤，高效推进论文写作、呈现研究过程。相对而言，思辨研究的条条框框少，意味着在研究和写作过程中，需要我们自行把握的内容多，对知识积累和实践经验的要求高，研究难度自然更大。

质性研究的难度一般大于量化研究，原因同上。

（四）学科差异并不绝对

很多人认为学科特点会限制研究方法的选择，自己并不需要花费时间和精力了解所有的研究方法，这种观点是错误的，因为研究方法的学科差异并不绝对。

虽然各学科都有自己常用的、占据主流地位的研究方法，但这并不意味着某个学科只能使用某个研究方法进行研究。不同的研究方法有不同的研究逻辑和研究重点，本书第五章介绍过，在研究和写作的不同阶段，可能会出现同时使用多种研究方法的情况。切记，研究方法是为研究实践服务的，适时更换研究方法才是正确的研究思路。

思辨研究方法及其举例

前文，我们频繁提到思辨研究和实证研究，这是对研究方法的笼统分类。不管是思辨研究，还是实证研究，都包括很多更为具体的研究方法。接下来，我们先对思辨研究进行简单介绍，再在第七章中介绍实证研究的相关知识。

思辨研究非常重视逻辑推理，以演绎逻辑为主，以归纳逻辑为辅。思辨研究的人文主义特征非常明显，同时是理性主义的。常见的思辨研究方法包括综述研究、史料考证、概念辨析、人文评论、比较研究等。

以几篇论文为例，带大家直观了解一下思辨研究方法。

《高性能时间分辨角分辨光电子能谱在量子材料中的研究进展》是一篇工科论文，研究的是如何在量子材料中应用光电子能谱。很多人有刻板印象：工科研究更适合使用实验研究方法进行。这篇论文便打破了这一刻板印象——论文并没有对实验进行过多的介绍，而是以围绕主题进行综述研究为主，明显属于思辨研究。

《梅兰芳访美演出场次考证》的研究与写作使用了史料考证方法、《何以为负，如何测量——西方视野中的教师负担概念辨析》的研究与写作使用的是概念辨析方法、《论欧美华人女作家自传性作品的不可靠性叙述》属于人文评论、《商业银行绿色信贷业务的国际比较研究及启示》属于比较研究……

以上几种研究方法，都是我们能够经常见到的、非常典型的思辨研究方法。

Chapter 07
第七章

研究方法的谱系（二）

实证研究主要依托经验材料和数据进行。与思辨研究的人文主义和理性主义相对，实证研究的科学主义特征非常明显，同时是经验主义的。常见的实证研究包括量化研究、质性研究和混合研究，这些研究均会用到很多具体的研究方法。

一 量化研究方法及其举例

常见的量化研究方法包括调查法、相关分析法、实验法、数学模型法等。

其中，相关分析法是社会科学领域的量化研究中的主流研究方法，包括很多回归分析，如多元回归分析、线性回归分析、断点回归分析、逻辑回归分析；实验法包括自然实验法和实验室实验法，自然实验法在社会科学领域用得比较多，实验室实验法则是在自然科学与工程技术领域占据主流地位的实验法。

以几篇论文为例，带大家直观了解一下实证研究中的量化研究方法。

《谁是职业农民——基于9763名职业农民的调查分析》的研究与写作使用了问卷调查法，《重点大学教育回报：基于断点回归设计的实证研究》的研究与写作使用了断点回归分析法，《道德受胁如何影响自然联结？——基于多重中介的实验研究》的研究与写作使用了基于多重中介的实验法，《考虑同城配送的多产品多中心两级物流网络设计及车辆路径研究》的研究与写作使用了数学模型法……

以上几种研究方法，都是我们能够经常见到的、非常典型的量化研究方法。

质性研究方法及其举例

质性研究方法非常多,且质性研究方法的谱系比量化研究方法的谱系复杂。不同的量化研究方法的区别度较高,不容易混淆,而不同的质性研究方法区别不大,往往看起来很像,难以区分。

常见的质性研究方法包括扎根理论、案例研究、民族志、田野考察、深度访谈、口述史、生活史等,这些研究方法在社会科学领域应用广泛,现在已基本成为社会科学领域中各学科开展研究和论文写作的主流研究方法。在人文科学领域,质性研究方法的使用频率也越来越高,但是在自然科学与工程技术领域,质性研究较为少见。

不同的质性研究方法区别不大。

比如,很多人很难明确深度访谈和案例研究、田野考察、口述史、生活史等质性研究方法的区别——案例研究经常需要组织访谈,田野考察也需要组织访谈,口述史、生活史同样和访谈密不可分。因此,深度访谈是不是不应该成为一种独立的研究方法,而应该嵌入别的研究方法,与别的研究方法结合使用呢?目前,相关呼声很高。

又如,扎根理论研究中有一个重要的编码过程,而编码适用于几乎所有资料——既适用于案例资料,又适用于访谈资料,还适用于口述资料、二手文献。各种资料都可以借助扎根理论研究进行编码，那么，扎根理论是不是一种独立的研究方法？很多人认为，扎根理论应该跟其他研究方法结合使用，作为一种资料分析方法存在，而不是一种独立的研究方法。

总之，质性研究方法的谱系比较复杂，以上只是带大家简单了解一下，建立直观的认识。

以几篇论文为例，带大家进一步了解实证研究中的质性研究方法。

《中美网络兴趣型社区粉丝行为对比研究——基于扎根理论探索分析》讨论的是比较模糊的问题，以扎根理论为研究方法。

《数字平台企业如何实现价值创造？——遥望网络和海尔智家的双案例研究》的研究与写作使用了案例研究方法，研究的问题是数字平台的价值创造是如何发生的。在进行案例研究的同时，这篇论文也对案例资料进行了编码处理。

《"开窍"与"自救"：基于网络民族志的"二本学子"学历突围历程研究》的研究与写作使用了民族志研究方法，具体而言，使用的是网络民族志研究方法，研究的是特定学生群体是如何实现学历突围的。

《布依族的"伴礼"交换与地方社会关系建构——基于黔中鱼陇寨的田野考察》的研究与写作使用了田野考察这一研究方法，研究的是布依族的"伴礼"交换习俗。以这个习俗为出发点，这篇论文深入分析了当地的社会关系，这是一个非常模糊、复杂的问题，因此，研究中不乏对访谈、编码等手段的使用。

《"该生"妈妈为何不生？——基于重庆市10位母亲的深度访谈》研究的是生二胎、三胎的问题。"'该生'妈妈"这一群体为什么不生？这篇论文围绕10位母亲，使用深度访谈研究方法展开研究。

《代际滞差与文化堕距：一位民间拳师习武传武的口述史研究》的研究与写作使用了口述史研究方法，由一位民间拳师对民间拳师习武传武的情况进行自我口述。论文标题中有两个关键词，一个是"代际滞差"，着眼于年轻人愿不愿意习武、有多少年轻人愿意习武、拳师和年轻人之间的代际鸿沟如何消除等问题；另一个是"文化堕距"，研究的问题包括年轻人不愿意习武传武，是一种文化变化还是一种代际鸿沟？出现这种现象，是因为年轻人无法理解相关文化，还是因为年轻人不喜欢相关文化？抑或是有其他更深层的原因？通过进行口述史研究，相关问题都有了可参考、借鉴的第一手资料。

《自媒体运作与地方社会互动——一项个人生活史视角下的经验研究》的研究与写作使用了生活史研究方法，重点研究了自媒体和地方社会如何发生关系、如何互动。

以上几种研究方法，都是我们能够经常见到的、非常典型的质性研究方法。

混合研究方法及其举例

同时使用量化研究方法和质性研究方法进行研究,就出现了混合研究。同时进行思辨研究和实证研究,也属于混合研究。因此,混合研究有不同的"混合"。此外,还有一种比较特殊的情况:有一些研究方法本身就是混合研究方法,比如语料库、博弈分析,都是两种方法的混合使用。

以几篇论文为例,带大家直观了解一下混合研究方法。

《强镇改革中的县镇关系及其优化——基于扎根理论与成长上限基模的分析》的研究与写作既使用了质性研究方法,又使用了量化研究方法,扎根理论和成长上限基模相辅相成,共同推动了研究的深入。

《欧美量子通信产业创新政策量化比较研究》的研究与写作是实证研究和思辨研究共同作用的成果,既使用了量化研究方法,又使用了比较研究方法。

《基于演化博弈的水权交易双方行为策略选择及案例仿真》的研究与写作使用了博弈论,以及与博弈论密切结合的模拟仿真,相关研究方法本身就是混合研究方法。

以上几种研究方法,都是我们能够经常见到的、非常典型的混合研究方法。

混合研究，涉及如何兼顾不同研究方法背后的传统、如何协调不同研究方法的研究逻辑等问题。比如，实证研究的科学主义、经验主义特征非常明显，研究时需要组织访谈或者问卷调查，收集很多数据资料，而思辨研究的人文主义和理性主义特征突出，研究时更注重推理，这个时候，有一个矛盾是无法忽视的：面对访谈资料和调查数据，是应该让研究结果自然而然地从资料和数据中"浮现"，还是应该人为地对资料和数据进行深入剖析、逻辑推理，最终总结、提取研究结果？

除了上述矛盾，还有一个冲突点很难协调——不同的研究方法，研究逻辑和研究重点是迥异的。实证研究，之所以倾向于依托资料和数据让研究结果自然"浮现"，是因为它追求客观主义，而思辨研究的人文主义色彩非常浓厚。

实际操作中，两者是彼此依赖、不能分离的，因为我们既不可能完全客观（摒弃身为研究者的主观思考），又不可能不受任何科学范式的约束，天马行空地随便发挥。

因此，混合研究的难度非常大，不同的研究方法既相互依赖、不能拆隔，又相互独立、不能混淆。如果想做混合研究，一定要非常明确自己的研究目标，并深入了解所选择的研究方法在操作层面上的细节、难点。

第八章 引言的形式结构与学科差异

　　引言是论文正文的第一部分，位于论文主体之前、论文摘要和论文关键词之后。

　　引言在论文中的主要作用是引人入胜——读者看完标题、摘要等前置信息并初步对论文感兴趣之后，可以通过这一部分的引导，深入了解论文研究的内容及其价值。

　　引言的写作，要尽可能做到"在已有研究中找到新的研究增长点"。

　　除了标题、摘要、关键词等前置信息，论文中最容易被读者看到的是引言。引言部分写作质量的高低，在很大程度上决定着读者能否完整地读完论文。因此，了解引言的形式结构与学科差异对论文写作来说是非常重要的。

一、引言的形式结构

引言的形式结构见表 8-1。

表 8-1　引言的形式结构

学科划分	引言的形式结构							
	研究理由		研究目的			研究计划		
	实践背景	文献综述	文献批评	前沿文献	研究问题	研究方法	预期结果	研究价值
自然科学与工程技术应用研究（实验）	不定	不定	不定	不定	√	√	√	不定
社科研究（实证）	√	√	√	不定	√	√	√	√
人文与自然科学基础研究（思辨）	不定	不定	不定	不定	不定	不定	不定	√

如表 8-1 所示，在形式结构方面，引言包括三大部分，分别是研究理由、研究目的和研究计划，这三大部分是相互关联、层层递进的——首先，我们需要向读者介绍我们为什么要做这个研究，即研究理由；其次，我们要向读者交代我们做这个研究的目的，即我们要解决什么问题；最后，我们要向读者介绍我们的研究计划，即怎么开展研究。

(一) 研究理由

研究理由包括实践理由和理论理由。在实践方面，要向读者介绍研究主题的实践背景，即它在现实中发展到了什么程度。与理论背景不同的是，实践背景主要介绍研究主题在实务界、实践领域的发展情况。与实践背景对应的是理论背景，理论背景的主要形式是文献综述，即文献回顾、梳理。文献综述的写作是大家比较熟悉的，在引言中，文献综述与实践背景一起构成研究理由。

(二) 研究目的

研究理由之后是研究目的，即我们要研究什么问题、解决什么问题。

研究目的一般由 3 个要素构成，分别是文献批评、前沿文献和研究问题。

文献批评是承接文献综述的，我们充分、系统地梳理了已有的研究文献后，要对已有的研究文献进行评论，找到已有的研究文献中的不足，以及尚未开展研究的空间。

在撰写文献批评的时候，我们会经常看到有的文献研究的问题和我们的目标研究问题类似或雷同，这类文献即为前沿文献。前沿文献有可能指出目前研究最新的趋势，有可能提及目前研究最前沿的方法，也有可能引导我们认识到目标研究问题目前所处的实践状态或理论困境有什么变化。前沿文献分析与文献综述是不同的，前沿文献应该是最新的，有时候是我们在文献综述环节遗漏的文献。

不管前沿文献是在哪个环节检索到的，在引言部分呈现前沿文献是正常的，写引言的时候，不能因为突然发现有在文献综述环节遗漏的文献，或者突然意识到有一篇文献研究的问题与我们研究的问题高度相似，就刻意忽略相关文献。正确的处理方式是把这类文献作为前沿文献在引言中加以呈现。

在前沿文献之后，要交代研究问题。注意，研究问题是在文献批评环节（没有前沿文献时）或前沿文献环节提出来的。

（三）研究计划

介绍研究目的之后，要论述研究计划。研究计划部分包括研究方法、预期结果，以及研究价值。

研究方法、预期结果、研究价值是研究计划的 3 个要素，即我们计划使用什么方法开展研究、我们将获得怎样的研究结果、我们认为我们的研究会在理论方面和实践方面有什么新的贡献。

引言的学科差异

通过表 8-1，我们可以直观地发现，在不同的学科领域，引言的呈现形式是不一样的。虽然引言应该由类似的几部分内容组成，但在实际的论文写作过程中，不同学科对同样的内容有不同的处理方式。

在自然科学与工程技术领域，引言部分比较稳定地出现的是研究问题、研究方法和预期结果。别的内容可能出现，也可能不出现。

在人文和自然科学的思辨研究中，引言部分最稳定地出现的是研究价值，是否交代研究问题、研究方法、文献综述等，可以视实际情况决定。

社会科学的实证研究中的引言内容比较全面，只有前沿文献可能出现，也可能不出现。

在不同学科、不同研究方法、不同类型的论文中，不仅引言内容的存在形式、结构有比较大的差异，引言篇幅也多有不同。

就期刊论文而言，引言大部分在1500字之内。

人文科学领域的论文和自然科学与工程技术领域的论文，引言有时候相当短，短到只有 100～300 字，就像一个摘要。这些引言从形式上看不像引言，但因为它在引言的位置、起引言的作用，它就是引言。

社会科学领域实证研究方面的论文也常有特例，引言有时在 2000 字以上。只要位置和作用无误，这都是允许出现的情况。

引言的字数有时候很多，有时候很少，这也是学科差异、研究方法差异的体现之一。

总的来说，随着论文写作规范越来越完善，引言的要素是越来越齐全的，引言部分的规范性在逐步提高。

Chapter 09 第九章

引言的范文分析

　　引言的字数有时候很多,有时候很少,这是学科差异、研究方法差异的体现之一。本章依托实例,分别介绍自然科学与工程技术实验论文、人文社会科学思辨论文、人文社会科学实证论文的引言的特点。

一 自然科学与工程技术实验论文的引言

以刊登在 2023 年第 4 期《中国科学：技术科学》上的《基于电喷印集成制造阵列化嵌金属电极柔性微流体管道》为例，我们看看自然科学与工程技术实验论文的引言。

《基于电喷印集成制造阵列化嵌金属电极柔性微流体管道》的引言字数不少，具体内容如下。

引言的第一部分是交代实践背景——明确研究主题"微米级流体管道"后，具体说明这个研究主题的重要性及其相关内容在实践中的优势。引言中首先给出"显示出巨大的应用潜力"这一明确论断，然后说明相关技术日益成为关键技术，在实践中越来越重要，最后明确其中有一个问题是"微电极与柔性微流体管道的集成都有广泛的应用"，这个问题成为越来越重要的研究问题。

交代实践背景后，紧接着是交代理论背景，即进行文献综述。"目前，制造柔性微流体管道的方法主要有……"，这里使用引用的方法进行论述，因为这些制造方法都是目前已有的文献提及的制造柔性微流体管道的方法。

文献综述后，紧接着的是文献批评。注意，可以一边进行文献综述，一边进行文献批评。交代了目前制造柔性微流体管道的方法之后，引言提到"虽然……，但其需要……；软光刻技术虽然……，但制备过程……；立体光刻技术虽然……，但其主要……"，这其实是在对综述中的光刻技术、软光刻技术、激光直写技术、立体光刻技术等技术存在的问题或缺陷进行批评。由此可见，这篇论文的文献综述和文献批评是接续进行的。

在文献批评环节，这篇论文的引言关注了对引用的使用，因为文献批评不能完全是主观视角的。比如，引言提到"另一方面，金属微电极的制造方法有……，但是这些工艺……，因此，……面临着诸多挑战"，这是目前的整体研究现状。又如，引言提到一个技术，具体论述为"电流体动力学喷墨打印技术……，区别于传统的……，可实现从微米级到纳米级的直写精度，同时……"，这都是非常客观的论述。

文献批评环节介绍了新的方法、新的技术，新的方法、新的技术独立成段，区别于文献综述环节，我们可以认为是一种前沿文献。文献综述环节介绍的方法是较陈旧的，文献批评环节介绍的方法是较新颖的。

前沿文献后，引言提到"本文基于……探究一种……方法"，表示要去探究一种新方法，从而引出接下来要做的事情："……，首先……，其次……，最后……"，即它的研究计划，一方面告诉我们接下来要怎样做研究，另一方面告诉我们将会使用怎样的研究方法。比如，"首先，基于滚筒式静电纺丝模式……""其次，基于自主搭建的电喷印系统，通过直写正性光刻胶……""最后，对不同浓度的……进行点血测试，验证……"，这就是接下来要做的研究及其使用的研究方法。

交代研究计划后，引言紧接着提到"基于自主搭建的电喷印系统，通过……探究……"，介绍预期达到的结果。而"本文所探究的……方法，拓展了……方法的……特点，将在……领域具有广泛的应用场景"说的是研究价值，其中，"拓展了……方法的……特点"是理论价值，"将在……领域具有广泛的应用场景"是实践价值。

我们可以看到，这篇引言范文在内容上是非常完整的，值得研读与学习。

人文社会科学思辨论文的引言

接下来，我们看看人文社会科学思辨论文的引言，以刊登在2023年第2期《中国文艺评论》上的《"诗本位"并非"诗画高低论"——中国古典诗画关系再探》为例。

引言的第一句是"关于中国古典诗画的讨论，很难避免'诗本位'的问题"，这是整篇论文的研究主题，起到开篇点题的作用。

开篇点题后，引言提到了一个典型例子，关于钱锺书的研究。钱锺书的研究是怎样的呢？一方面，钱锺书的研究沿袭了莱辛的"诗画异质"的观点，另一方面，钱锺书的研究介绍了中国诗文化地位实然的原因。这是对钱锺书的研究做了一个简单评价。

随后，引言提及"当下……的讨论如火如荼"，"诗本位"的问题再次被置于焦点位。"有学者反思……，还有学者呼吁……""这些都是学术研究的应然之意，更有……价值意义"，这是对当下的两个研究进行了引用说明及评价。

对当下的两个研究进行了引用说明及评价后，引言紧接着提及"然而，学者主张的……，于中国古典艺术传统而言比较艰难"。为什么比较艰难？"一方面，……在文化层面上无法实现；另一方面，……。换言之，……"，紧随其后的两句话对艰难的原因进行了说明。这是一种总的文献批评，说明了当下学者主张的"走出'诗本位'"的观点是不太可能实现的。

对已有文献做了批评之后，引言开始对本论文的情况进行交代——"本文聚焦……"这句话，说明了本论文研究的问题；"首先，针对钱锺书……""其次，针对'诗本位'现象及与之关联的媒介功能'诗画高低论'之误区……""最后，回到中国诗……"三句话，依次说明了准备做什么研究、准备解析什么问题、准备发表什么观点，这是本论文的研究计划。

这篇引言范文，首先，没有对问题的实践背景进行说明，因为对应的论文是人文社会科学思辨论文，和实践关系不大，所以直接进行文献综述；其次，在进行文献综述时，以诗为中心讨论诗画关系，综述一部分，批评一部分，紧接着说自己的研究问题；最后，用"首先，……；其次，……；最后，……"的句式论述研究计划,但并未提及理论创新和实践价值。由此,我们可以看到,这篇思辨论文的引言内容和本章第一个实例——实验论文的引言内容是不同的,缺失实践背景和研究价值。但是,我们并不能据此认为这篇引言范文不完整,这只是不同引言的不同写法而已,作为引言,它们都是合格的。

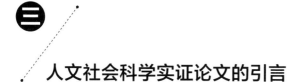

人文社会科学实证论文的引言

针对人文社会科学实证论文的引言,我们来看两个例子。

第一个例子是刊登在 2023 年第 5 期《南开经济研究》上的《配偶退休会改变中老年人的健康行为吗?——断点回归的经验证据与 Becker 利他主义的理论解释》。前文讲过,人文社会科学实证论文的引言往往是最规范的,要素最为齐全,这篇引言范文证实了这一点。

开篇,引言针对"人口老龄化是现在越来越受关注的主题"进行了论述,引用了很多学者的研究观点,以证明这一研究主题是非常重要的。这是引言的第一部分,呈现相关主题目前所处的研究状态。"……已经成为世界各国普遍面临的挑战,……越来越受到学者和社会舆论的关注。文献研究表明,退休对收入和消费、健康和健康行为……等方面都产生了重要影响",这是引言中一个简单的关于研究主题的文献综述。

紧随其后的"退休作为人生中的一个重大事件，必然会对夫妻中另一半的福利产生重大影响，但这方面的研究相对较少"是文献批评——"退休"是一件重要的事情，但是相关的研究比较少，这里的批评意味很重。因为引言开篇引用了很多文献，所以我们可以认为这里的文献批评是一个简单的文献梳理。

在说明相关的研究"相对较少"后，再次出现一个引用："一些学者从家庭的角度，在理论上强调了退休外部性或者溢出效应。"这是前沿文献——一方面，目前的相关研究非常少；另一方面，有的学者做了研究。

那么，本论文研究的问题是什么呢？"然而，鲜有关注我国退休制度对夫妻中另一半健康行为影响的专门研究。鉴于此，本文试图定量研究夫妻中'配偶'退休是否会改变'本人'的健康行为……"是对本论文研究的问题的说明。

从实证上进行度量，具有一定的挑战，本论文直面了这一方法上的难题。"……，这是因为退休选择和健康行为具有内生性。此外，夫妻之间可能存在联合退休问题。因此，……，需要同时关注夫妻双方的退休行为。本文基于……的做法，利用……做断点回归设计，基于……数据，发现……"说明了本论文的研究发现。"配偶"退休为什么会对夫妻双方产生影响？可能的原因就是对数据结果的解释："'配偶'退休可以减少……，推迟……，降低……，增加……"除了有这些显著的结果，也有不显著的结果，引言继续说明："本文认为，'配偶'退休除了'关爱效应'，还会因为……产生负向作用……"给出了数据证据。

"然而，上述两个效应确实很难从实证上直接捕捉到，因为没有数据可以直接考察……"这句话说明虽然已有的研究及自己的研究证实了这一点，但是直接数据很难捕捉，因此，本论文尝试结合健康生产函数和利他主义思想，构建一个简单的理论模型，来做一个最优决策，这是本论文的研究方法。

在介绍研究方法之后，引言对论文的研究贡献进行了说明，比如，用"第一，……。第二，……"的句式说明了本论文研究的边际贡献，条理非常清晰。贡献说明部分没有强调实践价值，因为这个问题是一个现实问题，不需要专门强调实践价值。

这篇引言范文 1700 字左右，是一篇比较规范的引言。

第二个例子是刊登在 2023 年第 3 期《信息资源管理学报》上的《在线品牌社区用户参与价值共创的互动行为转换机制——基于扎根理论的研究》，这是一篇使用质性研究方法做研究的实证论文。

开篇，引言对研究主题的实践背景进行了介绍："随着互联网……发展，企业……，高度重视在线品牌社区的建设……"

介绍了在线社区的特点、实践中的问题等内容后，引言继续说："如何激励用户更多地在社区内互动、提高互动质量成为社区可持续发展的关键问题之一。

"……，企业盈利的核心是价值共创……，但是，目前这一复杂互动的过程尚不明晰。

"……，即使……，并不一定会维持新用户时期的行为。……，如何更有针对性地促进互动行为的转换进行价值共创尚不明确。"

除了以上内容，对已有的研究，引言也有提及，最后说明用户这一互动行为转换的过程究竟是如何发生的尚不明确，基于此，本文要做相关研究。

如此梳理后，我们可以看到，该引言范文是非常规范的。引言开篇进入文献综述，交代实践背景，随后罗列诸多引用，进行文献梳理，并顺势进入前沿文献部分。进入前沿文献部分的标志是第 11 个文献引用，因为第 11 个引用的文献的研究问题和本论文的研究问题几乎一模一样，研究的都是"线上社区用户互动"。第 11 个引用的文献没有说清楚用户互动行为转换的机制到底是什么样的，即这个前沿文献依旧有不足之处，因此，引言接着说："鉴于此，本研究以……为对象，采用质性分析的研究方法，通过深度访谈、应用扎根理论编码分析，探究……，主要回答以下 3 个问题：……"明确了本论文的研究方法、预期结果，都属于研究计划。紧接着的"可以更直观地展现……，有利于企业精准识别在线品牌社区用户的互动行为，帮助社区管理人员……"是在强调研究价值，条理非常清晰，说明了应该在引言部分加以说明的所有问题。

Chapter 10
第十章

主体的形式结构与学科差异

  主体是论文正文的核心部分，也是篇幅最长的部分，主要内容是作者针对研究问题展开的具体研究。可以说，主体是论文中"隐藏最深"的、最不容易被读者看到的部分——从形式上说，读者最容易看到的是论文的标题、摘要、关键词和引言，主体部分的字数较多，想看完需要花费比较长的时间，因此，一般情况下，读者不会优先阅读论文的主体部分。常见的读者阅读顺序是首先阅读论文的前置信息及引言，其次阅读论文的结论，再次浏览论文主体后的参考文献，最后详细阅读论文的主体部分。论文写作的顺序与阅读的顺序大相径庭，主体部分往往是作者写作时最先琢磨、用时最长的部分。

  由此可见，从阅读的角度出发和从写作的角度出发，主体部分的被关注顺序是不同的。

一、主体的形式结构

主体的形式结构见表10-1。

表 10-1　主体的形式结构

学科划分	主体的形式结构					
	导入性要素		过程性要素		结果性要素	
	文献综述	理论假设	研究方法与理论模型	数据来源与变量设置	结果与讨论	结果检验
自然科学与工程技术应用研究（实验）	理论分析		材料与方法		结果与讨论	
社科研究（量化）	√	不定	√	√	√	√
社科研究（质性）	√	不定	√	√	√	不定
人文与自然科学基础研究（思辨）	不定	—	—	—	不定	—

主体的主要作用是为读者呈现研究过程与研究结果。在论文的主体部分呈现的内容一般包括作者使用的研究方法，研究使用的设备、材料，论文的理论基础、数据来源、研究假设，以及验证研究假设的步骤、数据结果。

如表10-1所示，在形式结构方面，主体包括三大要素，分别是导入性要素、过程性要素和结果性要素。

（一）导入性要素

导入性要素包括文献综述和理论假设。

有的论文没有理论假设，只有文献综述，这是正常的。理论假设不是必备要素。

（二）过程性要素

过程性要素包括研究方法与理论模型，以及数据来源与变量设置。换句话说，研究方法、研究数据选择、研究过程等，都属于过程性要素。

（三）结果性要素

结果性要素包括结果与讨论，以及结果检验。

对量化研究来说，最简单的结果检验方法是检验研究结果的信度、效度，但目前，量化研究方法已经有了很全面的发展，只检验研究结果的信度、效度是不够的，其稳健性、内生性、异质性等，都需要被检验。

研究结果的具体内容、这些研究结果能否靠得住，都属于结果性要素。

规范的主体内容应该包括上述三大要素，其中，字数比较多的是导入性要素中的文献综述和理论假设，以及过程性要素中的研究过程相关内容。

二 主体的学科差异

分学科看，自然科学与工程技术领域的实验研究论文的主体往往包括理论分析、材料与方法、结果与讨论3个部分。社会科学领域的实证研究，如果是量化研究，要素往往是非常齐全的，需要进行结果检验；如果是质性研究，一般不涉及结果检验，但目前，部分质性研究，比如扎根理论研究，也开始有结果检验的应用。

不管在什么领域、学科，思辨研究的要素很可能是非常不完整的。通过表10-1可以看出，文献综述、结果与讨论这些要素在思辨研究中是"不定"的，而其他要素，思辨研究一般没有，比如没有理论假设，也没有研究方法与理论模型、数据来源与变量设置、结果检验。思辨研究的论文主体部分字数那么多，在没有这些规范要素的情况下，是怎么展开写作的呢？后面会用实例为大家说明。

通过表10-1可以看出，论文主体部分的形式结构有非常明显的学科差异和方法差异。

不同学科有不同的常用的研究方法，一篇科技报告的主体和一篇思辨研究论文的主体差异非常大。使用什么研究方法进行研究，基本上决定了论文的谋篇布局、形式结构有什么特点，因此，论文主体的形式结构和研究方法是密切相关的。

主体部分的差异和引言部分的差异一样，可以体现在不同要素的篇幅上。比如，在有的自然科学与工程技术实验论文中，理论分析可能只有一千字，甚至几百字，但是在绝大多数量化研究论文中，理论分析包括文献综述和理论假设，可能有两三千字，反观人文学科的绝大多数论文和部分数学论文，可能根本没有理论分析内容。由此可见，在篇幅上，主体部分的字数是有很大差异的。

主体部分的写作有一个非常关键的要求，即不管使用什么样的研究方法，主体部分的研究过程要尽可能地做到可复制。换句话说，如果其他人使用同样的研究方法把研究过程重复一遍，理论上应该可以得出一样的结果/结论。如果论文的结果/结论是不可重复推导/重复得出的，那么从科学性、严谨性的角度讲，对应的研究很可能是有问题的。事实上，现在很多研究被质疑，问题恰恰出在研究结果/结论的不可重复推导/重复得出上。因此，主体部分的写作要非常严谨，每一个研究过程都要尽可能规范。

随着论文写作规范越来越完善，越来越多的研究者开始重视对相关内容的学习和掌握，论文主体的要素是越来越齐全的。思辨研究论文的主体的形式结构越来越朝着实证研究论文、实验研究论文靠近，这是目前论文的主体写作的变化趋势。

Chapter 11
第十一章

主体的范文分析

　　主体的主要作用是为读者呈现研究过程与研究结果。在论文的主体部分呈现的内容一般包括作者使用的研究方法,研究使用的设备、材料,论文的理论基础、数据来源、研究假设,以及验证研究假设的步骤、数据结果。本章依托实例,分别介绍自然科学与工程技术实验论文、人文社会科学思辨论文、人文社会科学实证论文的主体的特点。

自然科学与工程技术实验论文的主体

以刊登在 2023 年第 4 期《中国科学：技术科学》上的《基于电喷印集成制造阵列化嵌金属电极柔性微流体管道》为例，我们看看自然科学与工程技术实验论文的主体。

主体的第一部分是交代研究使用的材料与研究方法。其中，2.1 节主要用于介绍实验材料，包括 2.1.1 小节的"微流控管道制备使用材料"和 2.1.2 小节的"金属图案化电极制备使用材料"，对实验材料进行了非常详细的说明。交代实验材料后，该部分对实验设备进行了详细介绍，分别说明了微流控管道制造要使用什么设备、金属图案化电极制造要使用什么设备、实验表征的设备主要包括什么，以及这些设备分别是什么型号、出自什么国家等，交代得非常清楚。

前文讲到，论文的主体部分要尽可能详细到让读者能够复制研究过程。该论文主体之所以将实验材料和实验设备介绍得如此详细，是因为使用不同型号的实验材料和实验设备，可能会得出不同的数据结果。这种严谨的实验态度和写作方法，是值得称赞和推广的。

主体的第二部分是呈现实验过程。首先，2.3.1 小节介绍了微流体管道的制备流程，包括模板制备、PDMS 翻模；其次，2.3.2 小节介绍了微流体管道微电极的制备流程，包括 4 个环节；最后，2.3.3 小节介绍了微流体管道的封装流程，即制备后如何封装，写得非常详细，包括真空环境要达到什么程度，比如"真空度低于……，通入氧气，维持真空度……"，以及真空环境符合要求后，需要先施加多少安的电流，再使用氧等离子体处理多长时间。所有实验过程中的细节数据都要加以呈现，以便其他研究人员能够复制研究过程，反复证明研究结果的科学性、正确性。

主体的第三部分是结果与讨论。先介绍研究结果有怎样的特征，再分别介绍研究结果的相关参数，最后用"本实验……提升了……"这一句式介绍研究结果与早期的同类内容相比有哪些更具优势的指标，并针对相关指标进行介绍。

我们可以看到，该论文主体既交代了研究方法、研究材料与设备、研究过程，又介绍了研究结果、组织了研究讨论，实验完成了，数据就出来了。这是典型的实验论文的主体。

人文社会科学思辨论文的主体

接下来，我们看看人文社会科学思辨论文的主体，以刊登在 2023 年第 2 期《中国文艺评论》上的《"诗本位"并非"诗画高低论"——中国古典诗画关系再探》为例。

主体的第一部分的标题为"中国诗的'本位'即'出位'",主要内容为展开论述此观点——从钱锺书的观点开始论述,一直论述到当下一些研究者的观点。注意,这一部分是重点围绕钱锺书的观点展开反思和讨论的。

主体的第二部分的主要内容是展开论述观点"'诗画高低论'之媒介功能修正",这是一个不同于第一部分的新的观点。

主体的第三部分围绕"回到中国诗:文化地位及艺术蕴涵"论述研究者的观点,这是正文偏后的内容。

总体来看,该论文的主体部分包括3个观点:一是"中国诗的'本位'即'出位'",二是"'诗画高低论'之媒介功能修正",三是"回到中国诗:文化地位及艺术蕴涵"。通过该论文,我们可以发现,思辨论文的主体部分既不需要像实验论文一样交代研究设备、研究材料、研究方法,又不需要像实证论文一样交代研究数据、访谈对象等,直接陈列观点,并针对每一个观点展开论述,说明各观点为什么是对的、为什么是可靠的即可。

亮出观点并展开论述,这就是思辨论文主体部分的写法。在论述过程中,有一些具体的、微观的论述手法,比如夹叙夹议、正反论证,对于这些论述手法,我们不展开介绍,感兴趣的读者可以自行查阅相关资料。

三 人文社会科学实证论文的主体

针对人文社会科学实证论文的主体,我们来看两个例子。

第一个例子是刊登在 2023 年第 5 期《南开经济研究》上的《配偶退休会改变中老年人的健康行为吗?——断点回归的经验证据与 Becker 利他主义的理论解释》,这是一篇以量化研究为主要研究方法研究、写作的论文。

主体的第一部分交代了写作该论文的制度背景,即目标研究问题在当下实践情境中的发展现状。而后,对论文的数据来源、核心变量(退休的变量设置、变量描述、健康行为等)进行了介绍。

主体的第二部分是实证研究设计部分。在这一部分,先交代了断点回归设计的理论模型并完成了理论模型建立,后交代了方法的适用性,即断点回归方法是否适用于解决目标研究问题。明确了方法的适用性之后,研究结果就出来了。

主体的第三部分是分阶段讨论研究结果——先明确地将研究结果告知读者,再用各种数据辅助交代配偶退休对另一半的吸烟、饮酒等行为的影响。在排除了收入影响、主动性影响等假设后,得出"'配偶'退休对'本人'健康产生影响"这一结论。

主体的第四部分是对数据结果进行的检验和解释——先使用 Becker 利他主义理论模型建立函数,再用函数嵌套处理数据,解释关爱效应、收入效应，说明出现相关数据结果的原因。

经过以上分析，我们可以看到，这篇以量化研究为主要研究方法研究、写作的论文的主体部分是非常完整的——对制度背景、数据来源的交代，对变量的界定和描述，对回归模型的构建，对适用性的论证，以及分阶段、分效应讨论、呈现数据结果，进行数据结果检验和解释，实证论文主体应有的部分无一缺失。

第二个例子是刊登在 2023 年第 3 期《信息资源管理学报》上的《在线品牌社区用户参与价值共创的互动行为转换机制——基于扎根理论的研究》，这是一篇使用质性研究方法研究、写作的实证论文。

主体的第一部分是核心概念界定和文献综述。论文的核心概念是"价值共创""社区用户互动行为""ERG 理论""三层次理论"，该部分围绕这些核心概念，进行了较为完善的文献综述。

主体的第二部分是研究设计。在这一部分，论文先明确了所使用的研究方法、收集数据的途径，后交代了选择 19 名受访者进行深度访谈的情况——每个人访谈 1 个小时，访谈结束后把这些语音材料转成文字材料，并进行编码。

主体的第三部分是数据分析和模型生成。将访谈语音材料转成文字材料并进行编码的过程就是数据分析的过程，编码包括 3 个阶段，分别为开放性编码阶段、主轴编码阶段、选择性编码阶段。每个编码都有图表和过程展现，编码的结果模型有图示。结果模型出来之后，要做好相关解释——像定量研究一样，解释为什么会出现这样的结果模型。

主体的第四部分是模型解释。理论模型中的每一条都应该得到解释，因此，解释部分占的篇幅非常大，比如，4.1 节"用户互动行为的转换阶段"分了很多条进行细节论述。

由此可见，使用质性研究方法研究、写作的实证论文的主体部分有着非常清晰的行文逻辑——首先是文献综述、理论分析，其次交代方法、数据，并完成数据分析、理论解释，最后给出结论。

Chapter 12 第十二章

结论的形式结构与学科差异

结论是做研究后得到的研究发现,是对研究结果的理论价值与实践价值的高度提炼。具体而言,结论至少要包含两个层面的内容:一是作者通过研究发现了什么,二是研究结果在理论层面和实践层面分别有什么价值。

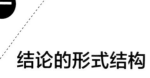

一 结论的形式结构

结论的形式结构见表 12-1。

表 12-1 结论的形式结构

学科划分	结论的形式结构					
	理论性要素			实践性要素	评价性要素
	内容概括	观点提炼	文献比较	实践价值	研究缺陷与未来方向
自然科学与工程技术应用研究（实验）	√	不定	不定	不定	不定
社科研究（量化）	√	√	√	√	√
社科研究（质性）	√	√	√	√	不定
人文与自然科学基础研究（思辨）	√	不定	不定	不定	不定

结论的主要作用并不是"总结"，而是对论文在选题环节和引言环节提出的研究问题进行"回答"。注意，这种回答应该是创新性的回答。此外，结论需要从理论和实践两个层面入手，挖掘回答的理论价值和实践价值。

对研究问题进行回答时，使用不同的研究方法，有不同的回答方法。

如果是思辨研究，需要对前文的所有内容进行高度概括，形成观点，这对研究者的归纳能力、概括能力有很高的要求。

如果是实证研究，需要从数据资料的研究结果中提炼研究意义，也就是说，数据资料的研究结果不是结论，数据结果的意义才是结论。

很多做量化研究的研究者经常混淆"结果"和"结论"，会在结论部分把研究结果再呈现一遍，这样做是不规范的。数据资料的研究结果"意味着什么"才是结论。"结果"是通过数据分析得出的，数据分析与文献综述、数据准备、研究假设、建立理论模型等环节的推导有关，而文献综述和研究假设都是对引言中的研究问题的延伸——明确这一研究链条后，在最后的研究结论出来的时候，我们势必要去呼应前面的研究问题。这个呼应，一方面要回答"是什么"的问题，另一方面要对理论和实践两个层面的意义进行挖掘。

如表12-1所示，在形式结构方面，结论包括三大要素，分别是理论性要素、实践性要素和评价性要素。

（一）理论性要素

理论性要素包括内容概括、观点提炼、文献比较。

内容概括，即用一两句话，简单、高度浓缩地对主体部分的内容进行概括。

观点提炼，即对主体部分介绍的研究过程进行提炼，提炼出研究问题的最终回答。观点提炼多为一两句话。

文献比较，即将自己的观点与已有的文献中的观点进行比较。文献比较很容易和引言部分，以及正文第一部分的文献综述混淆。很多作者有疑问："论文都写到了结论部分，为什么又要进行文献比较？"因为我们要证明自己的观点是有创新性的，是推动了理论发展的。通过进行文献比较，我们可以用直接引用的形式告诉读者，与已有的文献相比，我们对相关问题的解释、解决又向前推进了一步，这是我们的理论贡献。

（二）实践性要素

实践性要素即研究结论的实践价值，又叫政策价值，或者政策建议，用于说明在实践层面，相关研究结论有什么用。

实践层面的价值往往是分点论述的，论述时，我们要找到实践层面的价值主体，即研究结论对谁有用。一般情况下，在论文写作的微观操作层面，需要重点回答4个"什么"，分别为"什么内容""对什么主体""有什么用""为什么有用"。实践价值的每一点，都要从这4个"什么"的角度入手回答清楚。回答清楚这4个"什么"，实践价值的写作才是达标的。

（三）评价性要素

评价性要素包括论文的研究缺陷，以及未来方向（后续研究的改进方向）。研究缺陷与未来方向往往是混合着写的，能充分体现学术研究追求的是继承性创新，要明确我们的研究从哪里来、到哪里去。写评价性要素时，我们一定要从方法、数据等层面入手，告诉读者我们的研究有什么缺陷，以及未来写新的论文时，我们要怎样规避这些缺陷。

有的研究者对评价性要素存在的必要性有疑问，表示既然已经知道了自己的论文有缺陷，为什么写的时候不把它写好，或者定稿前不将其优化至完美呢？

有一种可能，是有的不足、缺陷是我们将论文写完之后才发现的，在论文写作之前，以及论文写作的过程中并没有发现相关问题，此时，我们很难倒回去弥补所有不足、修正所有缺陷——如果倒回去，已做的很多工作都白做了，时间成本和精力成本的付出都不允许。这时，我们要非常客观地承认自己的论文是有缺陷的，有待在后续研究中优化。

还有一种可能，是有的缺陷是无法克服的，我们做这个研究会遇到相关问题，其他人做这个研究也会遇到相关问题，所有研究者都在努力克服相关问题，但在当下，它们确实存在且将持续存在，暂时无法完全消除。比如，实证研究的内生性问题是绝大部分实证论文有的，现在，很多研究者在想尽一切办法克服实证研究的内生性问题，但是究竟什么时候能成功克服，没有人知道。

因此，评价性要素是经常存在且需要存在的。

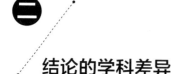

结论的学科差异

在不同的学科领域、使用不同的研究方法，结论的呈现形式是不一样的。

具体而言，社会科学领域的量化研究论文的结论要素是最齐全的，其次是社会科学领域的质性研究论文——这类论文有时候不会介绍自己的研究缺陷与未来方向，但是其他要素都具备。自然科学与工程技术领域的实验论文会对自己的内容进行概括说明，其他要素都有可能被省略；人文与自然科学思辨论文有时候也是如此，只有内容概括，没有其他要素，甚至有时候，这类论文只会将已介绍过的观点再概括性地论述一遍，关于观点的创新点、实践价值、研究缺陷，可能写，也可能不写。

这极大地体现了在不同的学科领域、使用不同的研究方法时，结论的呈现形式的差异。

除了结论要素的差异，结论篇幅也可能有明显的不同——很多基础研究论文提炼不出结论，甚至会用结语代替结论，即各要素都不展开论述。比如，以推导数学公式为目的的基础研究论文，把公式推导到最后一步就可以结束了，至于把公式推导出来有什么用、意味着什么，并不需要考虑，因为公式有什么用是应用科学研究者的事情，数学家大多是专注于基础研究的。又如，在很多应用研究中，研究者对结果的重视高于对结论的重视，他们的结论部分往往非常简单，把前文的重点内容概括一遍即完成任务，因为他们觉得结果出来了研究就结束了，没有必要反复强调、提炼。

虽然学科领域、研究方法不同时，结论的呈现形式有差异，但整体而言，结论写作是越来越规范的、要素是越来越齐全的。和引言部分、主体部分的写作一样，随着论文写作规范越来越受到重视，越来越多的作者在尽可能地把论文的结论部分写好，把要素写完整、写到位。

总之，优秀结论的写作要满足以下 3 个方面的要求。

一是要有理论创新，即结论要有理论层面的创新。换句话说，结论要有创新的理论价值。

二是要有实践价值，尤其是社会科学领域的研究，以及大部分自然科学与工程技术领域的研究，要阐明研究的实践价值。人文科学领域的研究，以及一些基础研究，对实践价值的重视程度相对较低。

三是评价要客观，不管是在理论层面还是在实践层面，都不可以夸大自己的研究贡献，要对自己的研究结论的理论贡献和实践价值进行客观的介绍和评价。

Chapter 13 第十三章

结论的范文分析

虽然学科领域、研究方法不同时,结论的呈现形式有差异,但整体而言,结论的写作是越来越规范的,相关要素是越来越齐全的。本章依托实例,分别介绍自然科学与工程技术实验论文、人文社会科学思辨论文、人文社会科学实证论文的结论的特点。

一 自然科学与工程技术实验论文的结论

以刊登在 2023 年第 4 期《中国科学：技术科学》上的《基于电喷印集成制造阵列化嵌金属电极柔性微流体管道》为例，我们看看自然科学与工程技术实验论文的结论。

这篇结论范文非常简短，300 字左右，具体内容如下。

结论的第一部分是对研究内容进行的概括、归纳。"本文基于……，提出了一种……制造方法"，这是论文的研究内容。

结论的第二部分是对研究内容的分条论述。"首先，本文分析了……，在优化的加工参数下，通过改变原位叠加纤维数量实现了……""其次，基于自主搭建的电喷印系统，在优化的实验条件下，通过……，实现了……在柔性微流控管道阵列基底上的按需沉积""最后，通过……，测试了……，验证了……"，分 3 点，条理清晰地陈述了研究的创新、贡献，以及结论。

结论的第三部分是研究的理论价值和实践价值。理论价值为"上述结果表明：基于电喷印的集成制造方法，……"，实践价值为"此方法可以按需加工，……在柔性混合电子制造方面有更加经济、灵活的应用前景"。

通过以上梳理，我们可以看到，这个结论是非常简短的，但既概括了研究内容，又对研究内容进行了分条论述，还说明了研究的理论价值、实践价值，内容是相对全面的。至于该论文有什么研究缺陷、未来的研究应该朝什么方向发展，并没有提及，不算错误，但补充上更好。

人文社会科学思辨论文的结论

接下来，我们看看人文社会科学思辨论文的结论，以刊登在2023年第2期《中国文艺评论》上的《"诗本位"并非"诗画高低论"——中国古典诗画关系再探》为例。

结论的第一部分是"总之，中国诗处于……"，是对论文主体部分的观点的总结。

结论的第二部分是在前一观点的基础上的延伸："诗中有画的功能，画中也有诗的功能。换言之，……"引出了新的内容。

结论的第三部分对我们如何理解"诗本位"的传统立场提出了一个建议："如果以诗性和诗境作为中国艺术的标准，……难挣脱习以为常的'诗本位'立场。倘若需要对'诗本位'进行重新界定和正名……，那么，……"说的是我们应该怎样理解"诗本位"，怎么做才能挣脱、走出"诗本位"的传统立场。

结论的第四部分为"总之，从诗画媒介自身而言，……，从而实现……，形成……诗画融通关系"，这是对结论的进一步总结。

通过以上梳理，我们可以看到，这个结论是比较简单的总结性结论，没说相关观点有哪些创新点，没说相关观点有哪些实践价值，也没说相关观点到底对不对、有没有缺陷、未来的研究方向是什么……这是思辨论文的结论的典型特征：内容较为简单、单一。

人文社会科学实证论文的结论

前文讲过，实证论文的结论是要素较为齐全的结论。针对人文社会科学实证论文，我们来看两个例子。

第一个例子是刊登在 2024 年第 7 期《科技进步与对策》上的《数字化转型对企业高质量发展的影响——企业创新与风险承担视角》，这是一篇使用量化研究方法研究、写作的实证论文。

结论的第一部分开篇为"本文基于……，得到以下主要结论"，用这句话对论文内容进行了概括。随后，分 3 条论述了"主要结论"，条理清晰。

结论的第二部分为研究启示，以实践价值为主，同样分 3 条论述，有一目了然的效果。

结论的第三部分为研究缺陷与未来方向："本文虽然在一定程度上揭示了……，但也存在不足，需要未来进一步深入拓展……。未来，可以进一步检验数字化转型对企业开放质量等其他维度质量的影响……"说的是在该论文的研究基础上，可以继续做哪些拓展性研究，指出了研究方向。

通过以上梳理，我们可以看到，该论文的结论部分是非常完整的——既有研究内容总结、研究结论分述，又有研究的实践价值、启示，还有研究的缺陷与未来方向。不过，即便如此，这一结论依然有缺失的部分——文献比较。结论很明确，但是这些结论是创新的吗？读者很容易有相关疑问。如果通览该论文，我们可以发现，论文中的各部分均有完善的文献比较，因此，结论部分的省略是没有问题的——如果再比较一次，会有重复、累赘的感觉。这是一种正确的、新颖的处理方式。

第二个例子是刊登在 2023 年第 3 期《信息资源管理学报》上的《在线品牌社区用户参与价值共创的互动行为转换机制——基于扎根理论的研究》，这是一篇使用质性研究方法研究、写作的实证论文。

结论的第一部分是对论文内容的提炼、总结："文章基于扎根理论……，探索……，主要有以下结论和贡献。"注意，"有以下结论和贡献"这句话说明了此处要围绕结论做文献比较。紧跟着这句话，分 2 条说明了研究结论，并点明："目前仅有部分学者强调了……，已有研究强调……，而对在线品牌社区用户参与价值共创互动行为的完整动态过程缺乏深入研究。本文发现……"，这是在说该论文相对于已有的文献是创新的。

为什么说"本文发现"的后续内容是创新的呢？结论进行了解

释——先用"首先……，其次……"这一关联词给出了两个理由，再明确"借鉴三层次理论，理清在……中的转换驱动因素……，分别为本能层、行为层和反思层"这一研究方法与过程，最后说明虽然已有的研究对影响因素进行了关注，"但本文更进一步探究了各影响因素对于互动行为不同阶段的作用效果……"，进一步解释了什么因素在什么阶段发挥作用。只有这样解释清楚了，才能让读者认同该论文的发现——3个层次中还有多种因素，并认为这些发现是有创新意义的。

结论的第二部分"管理启示"呈现的是实践价值，分了4个层面进行论述。

结论的第三部分是研究缺陷与未来方向，写明该研究有创新意义，但也有缺陷，对缺陷的描述为"首先，本研究仅以……；其次，本研究仅采用了定性研究方式，……"。针对这两点缺陷，未来的研究应该怎样做呢？针对第一点缺陷，有"后续可考虑其他类型企业的在线品牌社区，研究其用户互动行为转换过程"等表述；针对第二点缺陷，有"后续还可构建系统动力学模型进行仿真"等表述，这都是作者对未来研究的展望和建议。

通过以上梳理，我们可以看到，该论文的结论部分是非常全面的，既有内容概括、文献比较、创新观点，又有实践价值、研究缺陷与未来方向，各要素不仅齐备，而且写得很到位。

Chapter 14 第十四章

摘要的形式结构与学科差异

摘要通常位于论文标题、作者署名及机构信息之后,关键词之前。具体而言,期刊论文的论文摘要及之前的各要件的顺序是论文标题、作者署名、(作者的)机构信息、论文摘要;学位论文的论文摘要及之前的各要件的顺序是论文标题、作者署名、(作者的)学校及专业等信息、论文摘要。

一、摘要的形式结构

摘要的形式结构见表 14-1。

表 14-1　摘要的形式结构

学科划分	摘要的形式结构							
	背景性要素	分析性要素			结果性要素			
	研究背景	研究目的	研究问题	研究方法	研究结果	研究结论	理论贡献	实践价值
自然科学与工程技术应用研究（实验）	不定	不定	√	√	√	√	√	√
社科研究（量化）	√	不定	√	√	不定	√	√	√
社科研究（质性）	√	不定	√	√	不定	√	不定	√
人文与自然科学基础研究（思辨）	不定	—	√	不定	—	√	不定	不定

摘要的主要作用是帮助读者提高阅读效率，并为文献检索提供便利。

一般来说，读者阅读一篇论文，会先读标题、摘要，再读引言、参考文献，最后读主体内容。因此，从阅读的角度讲，摘要非常重要。

摘要不可忽视的一个重要作用是辅助文献检索。不管使用的是什么数据库，都有摘要检索这种检索方式。换句话说，检索论文时，我们既可以检索标题、作者，又可以检索摘要。

如表 14-1 所示，在形式结构方面，摘要包括三大要素，分别是背景性要素、分析性要素、结果性要素。

（一）背景性要素

背景性要素即研究背景。研究背景既可以是实践背景，又可以是理论背景。需要注意的是，如果在摘要中以理论背景为研究背景，不需要写文献综述，这一点和引言是有区别的。

（二）分析性要素

分析性要素包括研究目的、研究问题和研究方法，即告诉读者为什么要进行相关研究、目标研究问题是什么，以及要使用什么方法解决目标研究问题。

（三）结果性要素

结果性要素包括研究结果、研究结论，以及研究结论的理论贡献和实践价值。

综上所述，摘要的各要素和论文的主体部分几乎是一一对应的。换句话说，主体涉及什么内容，摘要就涉及什么内容，只不过在主体中用上千字论述的内容，在摘要中可能只有一句话。可以说，摘要与主体是强相关的，但同时是独立、自明、自洽的。

摘要的学科差异

在不同的学科领域、使用不同的研究方法，摘要的呈现形式是不一样的。

具体而言，自然科学与工程技术领域的实验论文可能不会对研究背景进行说明，会直接论述研究问题、研究方法、研究结果、研究结论，以及研究结论的理论贡献、实践价值；思辨论文则更为自由，除了研究问题和研究结论是必备的，别的内容都可有可无；相对来说，社会科学领域的实证论文的摘要是最为规范的，但即便如此，我们也可以通过表14-1看到，使用量化研究方法研究、写作的实证论文不一定交代研究目的、研究结果，很可能直接阐述其研究结论，使用质性研究方法研究、写作的实证论文也是如此；部分使用质性研究方法或者思辨研究方法研究、写作的论文，甚至不在摘要中交代研究结论的理论贡献。

除了要素的差异，摘要的学科差异还与其类型有关。

常见的摘要有3种类型，分别是报道性摘要、指示性摘要，以及报道和指示相结合的报道-指示性摘要。报道性摘要的内容往往比较全面，字数也比较多，大概为三四百字；指示性摘要比较简明扼要，内容不一定全面，除了交代研究问题及研究结论，其他内容都可能没有，因此一般比较简短，字数多为一二百字；报道－指示性摘要的写法和报道性摘要的写法差不多,但是只写重要的内容,不重要的内容很可能会略去,篇幅居中、字数居中,多为二三百字。

以上3种类型的摘要,可以与论文的学科领域大致对应。自然科学领域的基础研究论文多使用指示性摘要,写得非常简单,因为做基础研究的人常认为研究结果是最有价值的内容,别的内容都无关紧要;应用科学领域的论文,比如实验论文,多使用报道性摘要,会把研究目的、研究问题、研究结果、研究方法等都交代得一清二楚;在社会科学领域,实证论文多使用报道性摘要,内容非常全,而人文社会科学思辨论文的摘要相对特殊,很难简单地归入某类型,这是我们需要特别关注、独立分析的。

与引言、结论、主体等部分不同的是,摘要的内容并非越全越好。摘要的写作,需要根据学科领域、研究方法的不同,选择不同的写法。注意,这是摘要写作的典型特点。

摘要和论文主体部分的对应关系也是我们需要特别关注的。从形式上来说,摘要是结构化的,需要有独立性、自明性、自洽性。独立性是摘要写作中难度较大的指标,很多人认为论文摘要是从属于论文主体的内容,但实际上,两者的存在价值和重要性是并列的。也就是说,如果我们在未看论文主体的情况下看了论文摘要,应该能够明确这篇论文的主要研究内容。如果阅读论文摘要后没有这样的效果,我们可以判断该论文摘要是有问题的、不合格的。因此,摘要写作质量的优劣与内容是否全面关系不大,主要看是否在逻辑上做到了独立、自明、自洽。

从篇幅上来说，摘要是论文的缩写。不管是一两万字的期刊论文，还是一万字左右的学士学位论文、三五万字的硕士学位论文，都要提炼出一个二三百字的摘要，这个工作其实是很有难度的。

从人称上来说，摘要一般为第三人称写作，有时甚至会要求作者不使用人称，对此，在不同的学科领域，有不同的要求。

此外，大部分学校、期刊会要求作者提供英文版摘要，因此，摘要的英文翻译很重要。如今，对摘要进行英文翻译已成为摘要写作的环节之一。

综上所述，我们对摘要写作的要点进行提炼，最重要的是做到结构化，且有独立性、自明性。

所谓结构化，即摘要的结构要素要尽量选用合理、规范。

所谓有独立性，指的是摘要是对论文主体的缩写，并不从属于论文主体，论文的主体部分有什么内容，摘要就应该有什么内容，只不过摘要的每一句话都是对论文主体中的相关内容的高度浓缩。

所谓有自明性，指的是摘要要能够在逻辑上自圆其说，有自洽的逻辑——先提出问题，再分析问题，最后解决问题。

Chapter

15

第十五章

摘要的范文分析

摘要的特点是既与主体内容强相关,又独立、自明、自洽。本章依托实例,分别介绍指示性摘要、报道性摘要、报道-指示性摘要,以及人文社会科学思辨论文的摘要的特点。

一、指示性摘要

基础研究论文的摘要多为指示性摘要。

以刊登在 2023 年第 5 期《中国科学：数学》上的《广义齐次核重积分算子最佳搭配参数的等价条件及应用》为例，我们看看指示性摘要的写法。

《广义齐次核重积分算子最佳搭配参数的等价条件及应用》是一篇数学论文，摘要内容比较特殊，与第十四章讲的摘要基本要素相比，多出了很多专业语言，即数学公式。

"引入搭配参数……，并应用权函数方法，可以得到……。若常数因子……等于……，则称……。讨论算子 T 的最佳搭配参数……，最后作为应用给出一些特例。"

以上是该论文的摘要内容，主要包括两个部分：第一部分是对论文主体内容进行概括，第二部分是对研究过程进行简要呈现，即简要呈现数学公式的关键推导节点。

这篇摘要范文，从要素上来说，研究问题、研究方法等内容是齐全的，但研究作用、研究背景等并未提及。

因此，这是典型的指示性摘要，有最关键的结构要素，但字数较少、篇幅较短、内容说不上全面。

报道性摘要

应用研究论文的摘要多为报道性摘要。

以刊登在 2023 年第 6 期《中国科学：生命科学》上的《人工智能在疟原虫检测中的应用研究》为例，我们看看报道性摘要的写法。

"疟疾是……，具有分布广泛、传播迅速、潜伏期长等特点，其直接关系到人类的健康、经济的发展……"，这属于研究背景。

"疟疾的快速准确检测是降低疟疾的病死率和控制疟疾传播的关键"，这是提出研究问题的内容。

"目前已有研究利用……，但开发疟疾临床诊断的人工智能系统仍然存在挑战"，这句话说明了虽然目前有研究者对相关问题进行研究，但是在人工智能应用方面，相关研究还很不成熟。

以上三部分内容详细说明了相关研究的实践背景和理论背景，由此可见，不进行文献综述，也可以将研究背景交代清楚。

接下来，该摘要开始论述相关研究的具体内容、研究结果、研究结论，以及研究结论的价值。

"本研究基于深度学习中的多尺度注意力机制，构建了……。同时，本研究利用智能手机与光学显微镜收集薄血涂片图像……"，这是对研究内容的介绍。

"结果表明，AIM 模型的……"，这是对研究结果的介绍。

"各项评价指标均优于现有的 VGG 和 ResNet 模型……"，这是对研究结论的介绍。

"该人工智能的疟疾诊断目标检测模型有助于提高缺乏镜检人员地区的疟疾诊断能力，为全球疟疾防控提供'中国技术'与'中国方案'"，这是对该研究结论的实践价值的介绍。

通过以上梳理，我们可以看到，报道性摘要的内容非常全面，不仅有实践背景、理论背景、研究内容概述，还有研究结果、研究结论、研究结论的价值。这是典型的报道性摘要，字数较多，篇幅较长，能够更充分地帮助读者了解论文主体内容。

报道 - 指示性摘要

以刊登在 2023 年第 4 期《中国科学：技术科学》上的《基于电喷印集成制造阵列化嵌金属电极柔性微流体管道》为例，我们看看报道 - 指示性摘要的写法。

为什么说报道 - 指示性摘要是报道性摘要和指示性摘要的结合呢？这篇摘要范文很典型。

"微流控芯片在……受到了研究者们的广泛关注，尤其是……具有广泛的需求前景"，这是对实践背景的介绍。

"文章提出了一种简单的按需制备阵列化嵌金属电极柔性微流体管道的方法",这是对研究方法的介绍。

"该方法基于……,实现了……",这句话进一步介绍了研究方法,并对使用该研究方法做的具体研究进行了说明。

"首先,通过……;其次,通过……;最后,对……测试,验证了其管道的导通性和金属电极的导电性",这是对研究结果的介绍。

"结果表明:基于……可以灵活、简单、高效、低成本地按需加工……",这是对研究的理论贡献的介绍。

"……有望应用在……领域",这是对研究的实践价值的介绍。

通过以上梳理,我们可以看到,与指示性摘要和报道性摘要相比,报道-指示性摘要非常特殊,对"用……方法做了……研究"进行了详细说明后,介绍了实践背景,但并未提及理论背景;后续的研究结果、实践价值均有交代,但是交代篇幅远小于对研究方法和研究内容的详细说明。

总体来看,该摘要有报道性摘要的特点(对大部分内容进行了说明),但不同于报道性摘要的"平均用力",对有的内容说明得非常详细,对有的内容说明得则非常简略,即作者详写了他认为重要的内容、略写了他认为次要的内容。

由此可见,有详有略,是报道-指示性摘要的特点。

人文社会科学思辨论文的摘要的特殊性

人文社会科学思辨论文的摘要有什么特殊性呢？以刊登在2023年第2期《中国文艺评论》上的《"诗本位"并非"诗画高低论"——中国古典诗画关系再探》为例。

该摘要范文与前三类摘要范文相比的第一个明显特征是我们除了能看到论文的研究问题——"诗本位"现象，别的都看不到，即我们看到的都是观点。具体如下。

"中国古典诗画关系有一种'诗本位'现象，即……"，这是对研究问题的明确。

"从文化层面而言，诗是……，'诗性'成为……""从艺术层面而言，……"，这是对"诗本位"现象的阐述。

"'诗画一律'是……核心观念，'诗本位'现象并不妨碍……，并且自觉走向……"，这是对"诗本位"现象的评论。

在以上内容中，除了研究问题，以及针对研究问题（"诗本位"现象）的观点，既看不到该研究的实践背景、理论背景，又看不到研究方法、研究结论，以及研究意义。

该摘要范文的第二个明显特征是没有人称，即没有"本文……""本研究……""文章……"等表述，这是人文社会科学思辨论文的摘要的独特之处。

Chapter

16
第十六章

标题与关键词的相关知识、范文分析

本章详细介绍论文标题与关键词的相关知识,包括标题的形式结构、学科差异、写作要求,关键词的形式结构、写作要求,并提供多个范文,直观展示如何撰写合格的标题与关键词。

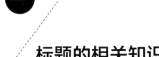

标题的相关知识

标题是比摘要更加浓缩的论文要件。

从写作顺序上看,摘要是把数万字的论文主体浓缩为二三百字,或者三四百字,而标题是对这数百字进行进一步的浓缩,直至凝练成一句话,甚至几个词组。

可以说,标题是对论文内容极度精练的表达。

一般情况下,标题字数不超过 25 个字。这是较为规范的字数限定。有的期刊论文或科技报告的标题字数会多一点,这是允许的,但不常见,需要具体问题具体分析。

写标题,不是简单地提炼论文主体内容、缩写论文摘要,而是努力呈现整篇论文中最精华、最重要、最需要传递给读者的信息。从这个角度来说,标题是论文的"广告"。

(一)标题的形式结构

从形式上看,论文标题可以为一行题、两行题,也可以为多行题。

从内容上看,论文标题包括实题与虚题。实题,是由具体的实词构成的标题;虚题,是允许使用抽象的虚词的标题。

一般情况下,论文标题以一行题、实题为主。如果有些信息确实表述不清，可以扩展为两行题。一行题最为常见，两行题时有出现，三行题则非常罕见。实题与虚题方面，大部分论文的标题是实题，因为毕竟是学术论文，而非文学作品。修辞手法和虚词能够优化语言表达效果，但不太适合用于写学术论文的标题。

需要注意的是，标题一般包含4个要素，分别为主题、问题、方法、结论。因为包含了"结论"，所以标题与选题不同，不能提前写，只能等论文写完之后再加以提炼。

（二）标题的学科差异

在不同的学科领域、使用不同的研究方法，标题的呈现形式是不一样的。

比如，有的研究结论不明，标题中可以没有"结论"这一要素，这不是一个错误。

又如，部分思辨论文的标题中没有"方法"这一要素，因为思辨论文使用的研究方法多为比较研究、文献综述，这些研究方法为大家所熟知，没有专门交代的必要，特别说明反而会占用标题字数，显得冗余。

再如，实验论文、实证论文的标题与思辨论文的标题大相径庭，应该尽可能地凸显其"方法"要素，即论文的研究与写作使用了怎样的量化研究方法、质性研究方法，做了怎样的实验，尽可能让读者一目了然地了解相关情况，因为对于实验研究、实证研究来说，使用的方法是非常重要的。

(三) 标题的写作要求

标题的写作,有3个要求,如下。

一是要素齐全。第十四章介绍摘要时提到,摘要的内容并非越全越好,需要根据学科领域、研究方法的不同,合理选择不同的写法。到了标题这里,情况又有了变化,标题和论文的引言、主体、结论一样,要素越全越好,以便读者检索、阅读、学习。

二是表达简明。标题的字数有严格的要求,因此,表达必须极度简明,用有限的字数,传达丰富的意思。

三是以实词为主,尽量少用虚词。如果一定要用虚词,可以用在表述"结论"时,其余内容均应该用实词表述。

在当前学术论文的写作规范越来越全面、完善的情况下,标题的写作要求越来越高,这是一种明显的写作趋势。

关键词的相关知识

对论文来说,关键词的重要性不亚于标题。

部分作者写论文的时候不太重视关键词写作,觉得关键词是平凡、简单、常见的几个词,随便写写即可。其实不然,关键词对论文发表之后的传播、阅读、检索而言,有非常重要的作用。

关键词位于摘要之后，一般是从标题和摘要中提取出来的。

关键词的数量为 3～8 个。具体而言，对人文社会科学领域的论文来说，写 3～5 个关键词最为常见；对自然科学与工程技术领域的论文来说，关键词一般在 5 个以上。

关键词对词性有严格的要求，只能是名词，不能是动词、形容词、副词等，这是我们需要特别注意的。

（一）关键词的形式结构

在形式结构方面，常见的关键词有 3 种，分别为主题关键词、问题关键词、方法关键词，此外，还有一种关键词为结论关键词，不太常见，此处略去不提。

在 3 种常见的关键词中，主题关键词和问题关键词是必备关键词，方法关键词是可选关键词。比如思辨论文，不强调研究方法，可以不写方法关键词，但不可以不写主题关键词和问题关键词。

需要特别强调的是，关键词一般是 3 种词，而不是 3 个词。很多论文只有 3 个关键词，但其实那只是恰好一种关键词写了一个。每种关键词不限个数，因此，只要有一种关键词写了 2 个或 2 个以上，关键词的总个数就超过了 3 个。

有的作者会困惑——关键词到底应该写几个？给大家的建议是主题关键词写 2～4 个，甚至可以更多；问题关键词写 1～2 个，注意，不能一个都没有；方法关键词可以写 0～2 个，即不写也没有问题；结论关键词不常见，如果打算写，写 1 个即可。

（二）关键词的写作要求

关键词的写作，应该在论文的主体、摘要、标题都写完后进行，没有办法提前写。如果作者对关键词的认识不到位，比如觉得关键词是平凡、简单、常见的几个词，随便写写即可，可能会出现关键词"不关键"的情况——虽然有关键词，但是关键词不起关键作用。

《学术出版规范 关键词编写规则》（CY/T 173-2019）中对关键词的写作有明文规定，比如，关键词编写一般包括论文审读、主题分析、选词和编排；又如，关键词应准确并充分揭示论文主题内容，重要的可检索内容不应遗漏；再如，学术论文应编写英文关键词。

大家在写关键词的时候可以参考国家标准文件，深入理解、准确写作。

标题与关键词的范文分析

通过范文，我们直观了解一下标题和关键词的写作。

第一个例子是刊登在 2023 年第 5 期《中国科学：数学》上的《广义齐次核重积分算子最佳搭配参数的等价条件及应用》。

标题：广义齐次核重积分算子最佳搭配参数的等价条件及应用

关键词：广义齐次核；重积分算子；有界算子；算子范数；Hilbert 型不等式；最佳搭配参数；等价条件

该标题范文的研究主题和研究问题非常明确，我们可以一目了然地看出对应的论文是研究了一个搭配参数的等价条件。

该关键词范文的关键词个数很多，有 7 个。这 7 个关键词中，"广义齐次核""重积分算子"是主题关键词，"有界算子"是主题关键词的下位概念；"算子范数""Hilbert 型不等式"是方法关键词；"最佳搭配参数"是问题关键词，"等价条件"是问题关键词的下位概念。如此梳理后，我们可以看到，虽然关键词的数量多达 7 个，但类型只有 3 种，这是比较典型的关键词写作。

第二个例子是刊登在 2023 年第 4 期《中国科学：技术科学》上的《基于电喷印集成制造阵列化嵌金属电极柔性微流体管道》。

标题：基于电喷印集成制造阵列化嵌金属电极柔性微流体管道

关键词：电喷印；柔性微流体管道；无掩膜制造；柔性图案化金属电极

该标题范文用"基于……"句式说明了对应的论文使用的研究方法，此外，"柔性微流体管道"这个主题词和"阵列化嵌金属电极"这个研究问题非常明显，方法词、主题词、问题词均囊括在了标题中。

该关键词范文的关键词所属种类也非常明确，4个关键词中，"电喷印"是研究方法，"无掩膜制造"从属于"电喷印"，均属方法关键词；"柔性微流体管道"是研究主题，属主题关键词；"柔性图案化金属电极"是研究问题，属问题关键词。

第三个例子是刊登在2023年第3期《信息资源管理学报》上的《在线品牌社区用户参与价值共创的互动行为转换机制——基于扎根理论的研究》。

标题：在线品牌社区用户参与价值共创的互动行为转换机制——基于扎根理论的研究

关键词：在线品牌社区；用户互动；行为转换；价值共创；扎根理论

该标题范文是两行题，呈现形式是主标题+副标题。拆解该标题范文可发现，研究主题是"在线品牌社区"，研究主题的下位概念是"用户互动"，问题词是"行为转换"，"价值共创"可以是问题词，也可以是主题词，"扎根理论"是方法词——在这个标题范文里，主题词、问题词、方法词是完备的。

该关键词范文与标题范文的对应关系非常明确，"在线品牌社区"和"用户互动"属主题关键词；"行为转换"和"价值共创"属问题关键词；"扎根理论"属方法关键词。

第四个例子是刊登在 2023 年第 5 期《南开经济研究》上的《配偶退休会改变中老年人的健康行为吗？——断点回归的经验证据与 Becker 利他主义的理论解释》。

标题：配偶退休会改变中老年人的健康行为吗？——断点回归的经验证据与 Becker 利他主义的理论解释

关键词：配偶退休；健康行为；利他主义；关爱效应；收入效应

先看该标题范文，依然是两行题，使用主标题+副标题的呈现形式。拆解该标题范文可发现，研究主题是"配偶退休"，研究问题是"配偶退休会改变中老年人的健康行为吗？"，研究方法包括断点回归的量化设计和使用了理论框架的理论解释——主题词、问题词和方法词是完备的。

再看该关键词范文。"配偶退休"是主题关键词；"健康行为"是问题关键词；"利他主义"是方法关键词，因为这个词是对论文的理论解释；"关爱效应"和"收入效应"是论文的研究发现，即研究结论，属结论关键词——该关键词范文不同于前 3 个关键词范文的地方出现了：既有主题关键词、问题关键词、方法关键词，又有结论关键词，集合了 4 种类型的关键词。

Chapter
17
第十七章

注释与参考文献的相关知识、范文分析

在论文中,注释与参考文献扮演着论据的角色,其使用方法多样,使用数量也没有硬性规定。撰写注释与参考文献时,需要符合既定的标准,使用明确的引用方式。本章不仅对以上内容进行详细介绍,还通过范文,带大家直观地了解注释与参考文献的区别。

一 注释与参考文献的全面理解

论文中的注释与参考文献是论文写作的依据,其使用方法因不同使用主体的不同要求而异,通常无严格的数量规定。

(一) 注释与参考文献是论文的论据

不管在什么学科领域、使用什么研究方法,论文都需要按照一定的逻辑展开论述,而在论述的过程中,会用到各种各样的论据。

在大部分情况下,论据以参考文献的形式呈现。有时,论据也可以注释的形式呈现。

从形式上来说,绝大部分学校、学术期刊并不要求论文作者将注释和参考文献区分开。不过,有的学科期刊有特殊习惯,比如,部分人文学科的学术期刊习惯将论文的注释与参考文献区分开。如果对注释与参考文献进行了区分,那么,注释往往为必要但没有明确外部出处的说明性文字,即注释可以引用,也可以不引用。

(二) 注释与参考文献没有数量规定

所有论文,包括但不限于期刊论文、学位论文,都可以只有参考文献,没有注释。不过,如果所属学校或投稿的目标期刊要求对论文的注释和参考文献进行区分,作者需要遵照相关要求操作。

对学位论文来说,按照惯例,学士学位论文的参考文献数量一般为 20～50 个,硕士学位论文的参考文献数量一般为 40～100 个,博士学位论文的参考文献数量一般不少于 100 个。

对期刊论文来说,参考文献的数量没有统一可以参考的惯例——有的期刊要求参考文献的数量不超过 10 个,而有的期刊允许参考文献的数量超过 100 个,差异非常大。

(三) 注释与参考文献的使用有明显的学科差异

在人文学科中,很多经常需要进行思辨研究的专业保留了在论文中使用注释的传统,而在其他学科中,大部分专业已经没有在论文中使用注释的传统了,偏向于统一使用参考文献。

统一使用参考文献包括两种情况,一种是把注释和参考文献一起放在论文的主体内容后,虽然都属于参考文献,但是能看出注释和参考文献之间的区别;另一种是坚决不使用注释,即使真的需要使用注释也不行,可以选择写在论文的主体内容中,或者换一种写法,摒弃相关内容。

注释与参考文献的形式结构

注释与参考文献的写作需要符合既定的标准,可参照《信息与文献—参考文献著录规则》等文件及《中国学术期刊（光盘版）检索与评价数据规范》等数据库规范执行。常见的引用格式包括一引一标、多引多标和一引多标，具体的引用方式需要具体情况具体分析。

（一）注释与参考文献的写作标准

注释与参考文献的写作标准非常严格，具体而言，可以参考以下文件、数据库。

①《信息与文献—参考文献著录规则》（GB/T 7714-2015）。该文件由中华人民共和国国家质量监督检验检疫总局、中华人民共和国国家标准化管理委员会发布于 2015 年 5 月 15 日，自 2015 年 12 月 1 日起实施，规定了各学科、各类型信息资源的参考文献的著录项目、著录顺序、著录用符号、著录用文字、各著录项目的著录方法，以及参考文献在正文中的标注法。该规则适用于著者和编辑著录参考文献，而不是供图书馆员、文献目录编制者，以及索引编辑者使用的文献著录规则。

②《学术出版规范 注释》（CY/T 121-2015）。该文件由国家新闻出版广电总局（已于 2018 年 3 月撤销，机构改革为国家广播电视总局）批准发布，发布于 2015 年 1 月 29 日，同日起实施，是行业标准之一。

③《学术出版规范 引文》（CY/T 122-2015）。该文件与《学术出版规范 注释》的发布、实施时间相同，也是行业标准之一。

④《中国学术期刊（光盘版）检索与评价数据规范》。该数据库是我国第一部以电子期刊方式连续出版的大型集成化学术期刊全文数据库，是我国最重要的战略性信息资源之一，在我国信息化建设和知识经济发展中具有重要地位。

（二）注释与参考文献的引用格式

注释与参考文献的引用，有以下 3 种常见格式。

①一引一标，即每出现一个引用时，都标注一下引用的是什么文献。

②多引多标，即有多个引用标注的地方，引用的是多篇文献。

③一引多标，即有多个引用标注的地方，引用的是同一篇文献。

实际引用时，注释与参考文献是否一一对应，取决于相关学校、期刊是否有区分惯例。

注释与参考文献的范文分析

通过范文，我们直观了解一下注释与参考文献的区别。

以刊登在 2023 年第 5 期《南开经济研究》上的《配偶退休会改变中老年人的健康行为吗？——断点回归的经验证据与 Becker 利他

主义的理论解释》为例。

（一）注释的范文分析

注释范文如图 17-1 所示。

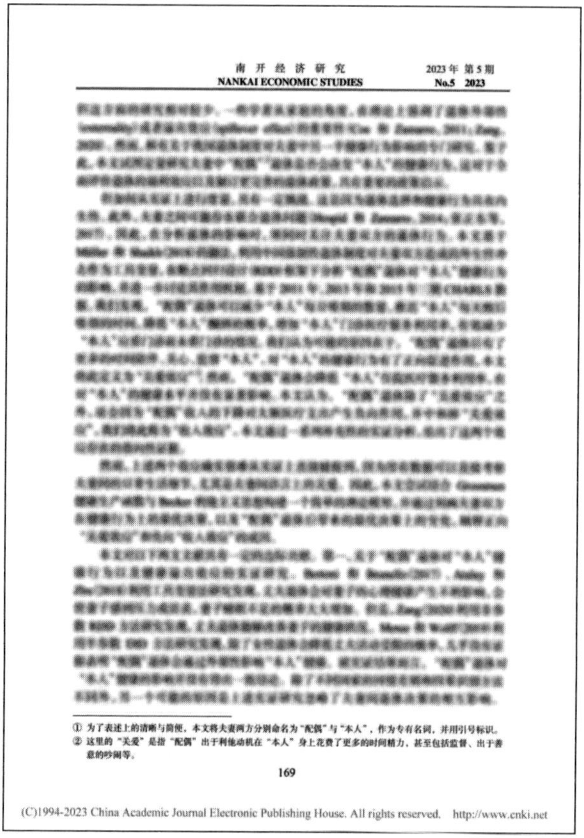

南 开 经 济 研 究　　2023 年 第 5 期
NANKAI ECONOMIC STUDIES　　No.5 2023

① 为了表述上的清晰与简便，本文将夫妻两方分别命名为“配偶”与“本人”，作为专有名词，并用引号标识。
② 这里的“关爱”是指“配偶”出于利他动机在“本人”身上花费了更多的时间精力，甚至包括监督、出于善意的唠叨等。

169

(C)1994-2023 China Academic Journal Electronic Publishing House. All rights reserved.　http://www.cnki.net

图 17-1

在图 17-1 中，“①……”“②……”是典型的注释，属于不带引用的注释。比如，“② 这里的‘关爱’是指‘配偶’出于利他动机在‘本人’身上花费了更多的时间精力，甚至包括监督、出于善意的吵闹等。”是作者为了不引起读者的误解，对一个词（关爱）做的专门的解释。

（二）参考文献的范文分析

参考文献范文如图 17-2 所示。

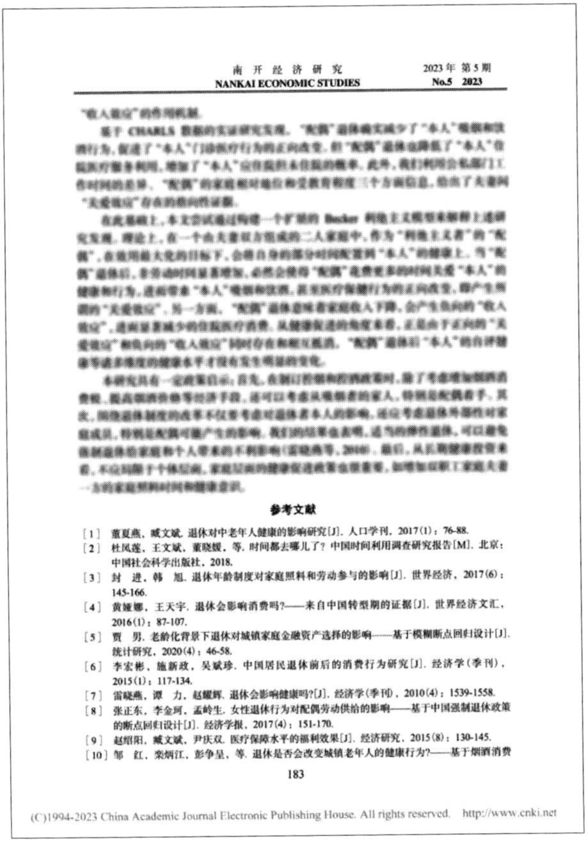

南开经济研究　2023年 第5期
NANKAI ECONOMIC STUDIES　No.5　2023

参考文献

[1] 董夏燕，臧文斌. 退休对中老年人健康的影响研究[J]. 人口学刊，2017(1)：76-88.
[2] 杜凤莲，王文斌，董晓媛，等. 时间都去哪儿了？中国时间利用调查研究报告[M]. 北京：中国社会科学出版社，2018.
[3] 封　进，韩　旭. 退休年龄制度对家庭照料和劳动参与的影响[J]. 世界经济，2017(6)：145-166.
[4] 黄娅娜，王天宇. 退休会影响消费吗？——来自中国转型期的证据[J]. 世界经济文汇，2016(1)：87-107.
[5] 贾　男. 老龄化背景下退休对城镇家庭金融资产选择的影响——基于模糊断点回归设计[J]. 统计研究，2020(4)：46-58.
[6] 李宏彬，施新政，吴斌珍. 中国居民退休前后的消费行为研究[J]. 经济学（季刊），2015(1)：117-134.
[7] 雷晓燕，谭　力，赵耀辉. 退休会影响健康吗？[J]. 经济学(季刊)，2010(4)：1539-1558.
[8] 张正东，李金珂，孟岭生. 女性退休行为对配偶劳动供给的影响——基于中国强制退休政策的断点回归设计[J]. 经济学报，2017(4)：151-170.
[9] 赵绍阳，臧文斌，尹庆双. 医疗保障水平的福利效果[J]. 经济研究，2015(8)：130-145.
[10] 邹　红，栾炳江，彭争呈，等. 退休是否会改变城镇老年人的健康行为？——基于烟酒消费

183

图 17-2

在图17-2中,"[1]……"至"[10]……"都是作者列出的参考文献,位于文末,这是比较常见的列示参考文献的方法。大部分情况下,参考文献是一引一标,多引多标、一引多标的情况比较罕见。

Chapter
18
第十八章

附加信息的相关知识、范文分析

附加信息分论文主体之前的附加信息和论文结论之后的附加信息两部分。不同学校对学位论文附加信息的位置要求基本一样，但是不同期刊对学术论文附加信息的位置要求是不一样的。比如，有的期刊要求作者将英文摘要放在论文主体之前，有的期刊要求将同一内容放在论文结论之后；又如，有的期刊要求作者将作者简介、基金项目等内容放在论文主体之前，有的期刊要求将同一内容放在论文结论之后。

需要特别注意的是，刊登在期刊上的学术论文的附加信息往往包括收稿日期、录用日期等，这些大多由期刊编辑部提供。

附加信息的全面理解

学位论文和学术论文在附加信息处理、投稿信写作（针对期刊论文）等方面的要求有很大的不同，接下来我们详细了解以上要素对不同类型论文的重要性和影响。

（一）论文主体之前的附加信息

对学位论文来说，论文主体之前的附加信息至少有以下 5 项。

① 封面。

② 中文标题页。

③ 英文标题页。

④ 摘要页。摘要页内容包括中文摘要和英文摘要。

⑤ 目录页。

对期刊论文（刊登在期刊上的学术论文）来说，论文主体之前的附加信息至少有以下 4 项。

① 作者署名与机构名称。

② 作者简介。

③ 基金项目相关信息。

④ 其他：中图分类号、文献标志码、文章编号、DOI 等。

(二) 论文结论之后的附加信息

对学位论文来说，论文结论之后的附加信息至少有以下 7 项。

①致谢。

②附录。

③索引。

④作者简介。

⑤原创性声明。

⑥数据集。

⑦参考文献列表。

对期刊论文来说，论文结论之后的附加信息至少有以下 2 项。

①责任编辑。

②参考文献。

(三) 页码

关于页码，学位论文的页码通常由作者自行设置，期刊论文的页码则通常由编辑部内的编辑设置，即写期刊论文的时候，作者不需要自行设置页码。

(四) 特殊语言

论文中的特殊语言，比如各种各样的编号、量和单位、插图、表格、数字、公式、专有名词、数据集，均属于附加信息。

对向期刊投稿的学术论文来说，这些特殊语言并不是特别重要，但是对学位论文来说，这些特殊语言相当重要，因为如果学位论文的写作不严谨，答辩委员很可能会觉得作者写论文的态度有问题，影响答辩者的答辩成绩。

（五）投稿信

投稿信是针对向期刊投稿的学术论文而言的。虽然不是所有作者向期刊投稿时都会写投稿信，但对以刊登为目标的学术论文而言，投稿信是非常关键和必要的，它会在一定程度上影响期刊编辑对相关学术论文的质量的判断。

附加信息的形式结构

涉及附加信息的形式结构规范的部分文件如下。对于其中的国家标准文件，需要尤其认真阅读、了解。

《学术论文编写规则》（GB/T 7713.2—2022）及其全部规范性引用文件

《学位论文编写规则》（GB/T 7713.1—2006）及其全部规范性引用文件

《科学技术报告、学位论文和学术论文的编写格式》（GB

7713-87）

《学术出版规范 科学技术名词》（CY/T 119-2015）

《学术出版规范 插图》（CY/T 171-2019）

《学术出版规范 表格》（CY/T 170-2019）

《新闻出版内容资源加工规范 第 10 部分：期刊加工》（CY/T 101.10-2014）

《学术出版规范 一般要求》（CY/T 118-2015）

《中文出版物夹用英文的编辑规范》（CY/T 154-2017）

在以上文件中，有关于怎么使用专有名词、怎么处理插图 / 表格、中文论文里可不可以随便使用英文等情况的介绍。

除了以上文件，国家相关部门还颁发了一些与论文写作相关的文件，同样值得我们参考、学习，比如《中国学术期刊（光盘版）检索与评价数据规范》。

针对文章编号、作者信息、作者简介、中图分类号、收稿日期、基金项目、期刊基本参数等，《中国学术期刊（光盘版）检索与评价数据规范》中都有明确的规定，如下。

（一）题名

题名应简明、具体、确切，能概括文章的要旨，符合编制题录、索引和检索的有关原则，并有助于选择关键词和分类号。

中文题名一般不超过 20 个汉字，必要时可加副题名。

(二) 作者及其工作单位

一般来说，作者在上，作者所属单位在下。

如果一个人有两个所属单位，应该怎么写？可参考以下写法。

韩英铎[1]，王仲鸿[1]，李古兴[2]，相永康[2]，黄其励[3,1]，蒋建民[3]

（1.清华大学 电机工程与应用电子技术系，北京 100084；2.华中电力集团公司，武汉 430027；3.东北电力集团公司，沈阳 110006）

在上述实例中，黄其励既属于第一单位（清华大学电机工程与应用电子技术系），又属于第三单位（东北电力集团公司）。面对这种情况，可以在作者姓名右上角加注不同的阿拉伯数字作序号，并在其所属工作单位名称的前面加上与作者姓名右上角序号相同的数字。

若多位作者属于同一单位，可以一并列出；各工作单位连排时，以分号隔开，如下。

邢茂[1a]，张恩娟[1a]，叶欣[1b]，张林[2]

（1.北京理工大学 a.化工与材料学院；b.机电工程学院，北京 100081；2.南京理工大学 应用化学系，南京 210094）

如果多位作者属于邮编相同的同一单位中的不同下级单位，应该怎么写？上述实例做了展示——在作者姓名右上角加注小写的英文字母,并在其下级单位名称的前面加上与作者姓名右上角的小写英文字母相同的小写英文字母。

这种情况比较复杂,但是我们需要了解,因为经常会用到。

(三) 作者简介

作者简介不可以随便写,有着固定的格式要求,应包括姓名(出生年—)、性别、民族(汉族可省略)、籍贯、学历、职称、研究方向、电话、传真、电子邮箱等信息。

需要注意的是,"出生年"不包括出生月和出生日;"籍贯"要具体到市或者县。

(四) 文献标志码、中图分类号与收稿日期

文献标志码需要作者提供;中图分类号有时由编辑部提供,有时由作者提供;收稿日期、录用日期多由编辑部提供。

(五) 基金项目

不同的期刊对基金项目的要求有所不同。

标注基金项目时,基金项目的名称应按照国家有关部门规定的正式名称著录。如有多项基金项目,应依次列出,其间用分号隔开,如下。

基金项目:国家自然科学基金资助项目(59637050);"十五"国家科技攻关项目(2004BA523B)

有的期刊不仅要求作者写明基金项目的名称，还要求作者写明资金项目的项目类型、项目编号。

（六）通讯地址

通讯地址与投稿信有关。

绝大部分作者在完成论文投稿行为之后，希望编辑部的编辑审稿后能够第一时间联系到自己，因此，注明通讯地址、电话、邮箱等联系方式很重要。

一般来说，联系方式应该加注在论文最后。如果是通过系统或者邮箱投稿，可以在系统投稿页面、邮件页面加注联系方式，便于编辑联系。

不过，有部分期刊希望作者把通讯地址、联系方式写在论文标题前，方便查找。不同期刊的要求不一样，大家根据目标期刊的要求加注即可。

附加信息的范文分析

以刊登在 2023 年第 3 期《信息资源管理学报》上的《在线品牌社区用户参与价值共创的互动行为转换机制——基于扎根理论的研究》为例，我们直观了解一下期刊论文附加信息的写作。

在线品牌社区用户参与价值共创的互动行为转换机制
——基于扎根理论的研究

乐承毅 朱欣雅

（华东交通大学经济管理学院，南昌，330013）

如范文所示，标题下面有作者姓名、所属单位、城市、邮编等信息，所属单位、城市、邮编之间用逗号做了分隔。

不同期刊的要求不一样，有的期刊要求用逗号分隔相关信息，有的期刊则要求用空格分隔相关信息。投稿时，大家根据目标期刊的具体要求设置即可。

[中图分类号] F274 [文献标志码] A [文章编号] 2095-2171（2023）03-0124-16

DOI:10.13365/j.jirm.2023.03.124

以上是该论文的中图分类号、文献标志码、文章编号、DOI编码等信息。

[基金项目] 本文系国家自然科学基金项目"开放式创新下企业－用户知识在线互动与知识共创研究"（72161013）；国家自然科学基金项目"移动社交网络环境下企业虚拟社区的用户知识贡献行为研究"（71761012）；江西省高校人文社科规划项目"企业虚拟社区用户知识共享对产品创新的影响研究"（GL20135）的研究成

果之一。

[作者简介] 乐承毅，博士，教授，博士生导师，研究方向为知识管理与用户行为研究；朱欣雅，硕士生，研究方向为知识管理与用户行为。

在该论文所属页面的页尾，有相关的基金项目和作者简介。不同期刊对附加信息的要求是不同的，这里，期刊要求作者将基金项目的类型、编号、名称都写上了，作者简介也是相对完善的，有作者姓名、学历、职称、研究方向等内容，但是没有出生年、性别、籍贯等内容。

Chapter

19

第十九章

学位论文答辩的相关知识

如今,学位论文答辩已成为现代学位教育制度的重要组成部分,具有严格的论文审查、公开的学业水平考试、严肃的学术交流与指导、纪念意义重大的学术成人礼等多重性质与功能。想了解学位论文答辩的相关知识,本章内容值得答辩人认真研读。

一 学位论文答辩的性质/功能

学位论文答辩制度起源于中世纪的欧洲。1180年，法国的巴黎大学授出第一批神学博士学位，此后，其他高等院校纷纷效仿。经过近千年的发展与完善，如今，学位论文答辩具有如下5个方面的性质/功能。

（一）严格的论文审查形式

学位候选人写完学位论文后，学位授予机构要通过答辩审查学位论文的完成质量。

（二）公开的学业水平考试

经过几年的学习，学位论文答辩是学位候选人在获得学士、硕士、博士学位之前的最后一次正式、公开、严格的学业水平考试。

（三）学术交流与学术指导

学位论文答辩是答辩委员与学位候选人（答辩人）开展学术交流与对话、进行学术指导的"审阅会议"。在学位论文答辩会议上，答辩委员可针对学位候选人（答辩人）的论文提出疑问，学位候选人（答辩人）应对答辩委员的问题进行逐一回答。学位论文答辩，既是对学位论文的结论性回顾，又是依托学位论文展开的学术交流和学术指导。

(四) 具有仪式感的"学术成人礼"

对学位候选人而言,学位论文答辩是有仪式意义的"学术成人礼"。因此,很多学位候选人通过答辩后,会用拍照等不同形式进行纪念。

(五) 现代学位教育制度的组成部分

如今,绝大部分高等院校已将学位论文答辩纳入学位教育制度,可以说,学位论文答辩是现代学位教育制度的重要组成部分之一。

学位论文答辩的现场情况

学位论文答辩一般包括 5 个环节,时间根据学位层次的不同有所不同;答辩现场至少有答辩委员、答辩人和答辩秘书 3 个角色,由答辩委员组成的答辩委员会负责给出通过、不通过、通过但小修和通过但大修 4 种答辩结论,这些知识,需要答辩人在进入答辩现场前加以了解,以做到心中有数,答辩时不因过于紧张而发挥失常。整体上,学位论文答辩的安排因(国内)学校差异及国内外文化差异而有所不同。

（一）学位论文答辩的 5 个环节

第一个环节是答辩委员介绍，主要介绍参加学位论文答辩的专家的信息。

第二个环节是答辩人陈述，由答辩人介绍自己的学位论文。

第三个环节是答辩委员提问，由答辩委员针对答辩人的学位论文提出自己的问题。

第四个环节是答辩人回答，由答辩人根据答辩委员的提问进行逐一回答。

第五个环节是答辩总结，由答辩委员给出答辩结论。

其中，答辩人陈述环节一般为 20 分钟，答辩委员提问环节与答辩人回答环节共占 30～120 分钟。

不同层次的学位论文答辩的时间要求是不同的，从学士学位到硕士学位，再到博士学位，学位论文的研究与写作难度递增，答辩时间也递增。现在，有的学校对学位论文答辩的要求比较低，部分本科生的学士学位论文答辩陈述时间只有 10 分钟左右。对于学位论文答辩的具体要求，不同学校也可能有差异。

（二）答辩人回答环节的两种安排

答辩人回答环节有两种常见的安排：一种安排是即问即答——答辩委员提问后，答辩人需要即时作答；另一种安排是离场准备——答辩委员提问后，答辩人可以先离场准备 15～20 分钟，再回来对答辩委员提出的问题进行回答。

目前，在高等院校的学位论文答辩中，这两种安排都存在。学士学位论文答辩和硕士学位论文答辩大多为即问即答式；博士学位论文答辩既有即问即答式，又有离场准备式。

（三）学位论文答辩现场的3个角色

学位论文答辩现场一般有3个角色，一个是答辩委员，一个是答辩人，还有一个是答辩秘书。答辩秘书主要做行政工作，比如记录答辩情况。有时，答辩秘书会发挥主持人的作用。

如果是公开答辩，现场还会有其他人，比如来旁听的老师和学生，部分学校允许旁听的老师和学生针对答辩人的学位论文进行提问。如果是闭门答辩，不会有旁听人，现场只有答辩委员、答辩人和答辩秘书。

不同层次的学位论文答辩，严格程度有所不同。比如，学士学位论文答辩的现场和博士学位论文答辩的现场相比，不管是人员配置还是流程设置，都灵活、宽松得多。

（四）答辩委员会的成员数量

答辩委员一般为5人或5人以上，其中至少有2人为校外专家。大多数高等院校有答辩人的指导老师不能参加同场答辩的规定，即答辩人的指导老师不能是该答辩人面对的答辩委员会的成员。

学士学位论文和硕士学位论文答辩的答辩委员会成员要求相对

宽松，博士学位论文答辩的答辩委员会成员要求相对严格，比如要求答辩委员会中有3位，甚至4位校外专家，校内专家尽量避嫌。

（五）答辩结论的4种情况

答辩结论一般包括4种情况，第一种情况是"通过"，第二种情况是"不通过"，在通过和不通过之间，有"通过但小修"和"通过但大修"2种情况。根据答辩委员的提问及答辩人对问题的回答情况，由答辩委员会给出答辩结论。

（六）学位论文答辩的安排没有一定之规

实际上，学位论文答辩的安排没有非常完善的统一规定。执行过程中，各事项均会因为学校要求不同而有所不同，包括答辩委员会的专家数量、答辩现场是公开还是闭门、答辩人回答问题的方式、答辩中提问时间和回答时间的长短、具体的答辩流程等。另外，在答辩程序上，国内高等院校跟国外高等院校的安排差别也比较大。

学位论文答辩的相关问题

学位论文答辩是检验答辩人学术水平的关键环节，这不仅是学生与老师间一场深刻且富有指导意义的学术对话，也是一场检验答辩人学术成果与准备情况的正式考试。针对学位论文答辩，了解以下常见的相关问题，有利于答辩人更充分地进行答辩准备、更从容地面对答辩。

（一）深层问题：对话还是指导

对答辩人而言，无论准备得多么充分，学位论文答辩都是学生与老师之间的"对话"。这里的"老师"，可能是自己的授业导师，也可能是其他专家、学者。这决定了在答辩现场，提问者和回答者会因为知识储备悬殊而进行一场不太平等的学术"对话"——无论准备得多么充分，答辩人都有可能回答不出答辩委员提出的问题，因为从根本上讲，答辩人的知识水平和答辩委员的知识水平存在比较大的差距。

学位论文答辩就是这样的一场"对话"，不是同学之间的对话，也不是老师之间的对话，而是老师和学生之间的"对话"。

与其说是"对话"，不如说是"指导"。

（二）核心问题：考试还是仪式

对答辩人而言，学位论文答辩到底是一场考试，还是一种仪式？如果只是一种仪式，那么，答辩人完全没必要做深入且大量的研究和准备，走个过场就能顺利毕业；而如果是一场考试，答辩人必须潜心研究、用心准备，争取顺利通过考试，并取得理想的成绩。如此分析后，答案显而易见——学位论文答辩不仅是一场考试，而且是一场重要的考试，所有忽视它的人，都将付出沉重的代价：重修相关课程，甚至延迟毕业。

（三）难点问题：大胆尝试还是避重就轻

面对答辩委员提出的比较困难，甚至有些刁钻的问题，答辩人是应该大胆地说出自己的想法（哪怕部分想法并不成熟），还是应该避重就轻、尽量稳妥地应付作答？这是截然不同的回答策略。

总的来说，真诚比掩饰更受欢迎：如果答辩委员是在质疑，答辩人应该适当地对自己的真实想法加以介绍，因为避重就轻地回答很可能会引起答辩委员的不满，让其认为答辩人态度不端；如果答辩委员是在以提问的形式提出优化建议，希望论文能够被修改得更好，答辩人没有必要避重就轻地回答，可以真诚地说明自己的理解，也可以不予回答，甚至可以现场请教。

如前文所说，学术论文答辩是一场知识储备悬殊、知识水平不对等的学术"对话"，态度端正比完美回答所有提问更加重要。

（四）专家提问：质疑还是建议

答辩委员提出的问题，究竟是质疑还是建议？都有可能。

如果答辩委员的提问是质疑，答辩人一定要慎重对待，一方面尽量清楚地阐述自己的思考，另一方面尽量迅速地理解对方的观点，求同存异。切忌在答辩现场与答辩委员争执、起冲突，因为处理不好，很有可能获得"不通过"的答辩结论。

如果答辩委员的提问是一种建议，那么，答辩委员说什么，答辩人及时记录并在答辩结束后认真修改即可。

（五）答辩心态：坚持己见还是谦卑恭顺

面对学位论文答辩中答辩委员的提问、质疑，答辩人是应该坚持己见不动摇，还是应该谦卑恭顺地接受所有意见？很多答辩人感觉这个"度"很难把握。

学位论文答辩，既是学术交流，又是学术指导，对此，不卑不亢是最好的心态，求同存异是最好的处理方法。

（六）专家提问的两个常见方向

身为各领域专家的答辩委员一般会从论文写作和专业知识两个方向入手进行提问，常见的问题包括论文选题的研究价值、论文写作的创新性、论文中的专业知识点、论文中没有写清楚的重点/难点问题、论文中可商榷的观点等。

面对学位论文答辩，应该高度重视，但不必心生恐惧，做好充分的研究和准备，并将心态调整到最佳，即可自信上阵、轻松闯关。

Chapter 20
第二十章

学术论文投稿的相关知识

学术论文投稿,是作者将自己写完的学术论文投递给学术期刊,希望被刊登的行为。如今,全球有数万种学术期刊,但对应的是上亿的科研人员,投稿被刊登的难度非常大。想了解学术论文投稿的相关知识,本章内容值得投稿人认真研读、充分准备。

一、学术论文投稿的现状

学术论文投稿，是作者将自己写完的学术论文投递给学术期刊，希望被刊登的行为。

学术期刊是经过同行评审的期刊，用于展示各研究领域的研究成果，并起到公示的作用。学术期刊的内容以原创研究、综述文章、书评等多种形式的文章为主，刊登在学术期刊上的文章通常涉及特定的学科。

2014年，国家新闻出版广电总局（已于2018年3月撤销，机构改革为国家广播电视总局）组织有关专家严格审定，确定了中国第一批认定学术期刊名单，含5756种学术期刊。2017年，国家新闻出版广电总局确定产生中国第二批学术期刊名单，含712种学术期刊。

当前，全球范围内在出版的学术期刊有数万种。随着学术期刊的发展，出现了各种各样的学术期刊数据库，常见的有《工程索引》（供查阅工程技术领域文献的综合性情报检索刊物，1884年创刊，外文名为 The Engineering Index，简称 EI）、《化学文摘》（既是世界上最大的化学文摘库，又是应用最广泛、最重要的化学、化工及相关学科的检索刊物，1907年创刊，外文名为 Chemical Abstracts，简称 CA）、《科学引文索引》（世界著名的期刊文献检索工具，出版形式包括印刷版期刊、光盘版数据库、联机数据库，此外，发行了互联网上 Web 版数据库，1957 年创办，外文名为 *Science Citation Index*，简称 SCI）、《科技会议录索引》（收录生命科学、物理与化学科学、农业、生物和环境科学、工程技术和应用科学等学科的会议文献的期刊，1978 年创刊，外文名为 *Index to Scientific & Technical Proceedings*，简称 ISTP）等。

《工程索引》《科学引文索引》《科技会议录索引》既是世界著名的三大科技文献检索系统，又是国际公认的进行科学统计与科学评价的主要检索工具。这些学术期刊数据库的发展，反哺了学术期刊的日益繁荣。

然而，目前，全球科研人员（包括高校教师、学生、企业研发人员等）的数量是上亿的，从学术期刊版面资源的角度看，学术论文的投稿与刊登是一个持续性的供方市场——不可能发展到人手一本学术期刊的程度，永远存在作者数量远大于学术期刊数量这一问题。即使每本学术期刊每年刊登论文几十篇，甚至几百篇，也无法消弭作者数量和学术期刊数量之间的悬殊差距。

因此，学术论文投稿被刊登是难度非常大的事情。

学术论文投稿的程序

学术论文投稿一般包括选择目标期刊、经历审稿流程、获知投稿结果（退稿、录用或退修）3个环节。

（一）选择目标期刊

选择目标期刊是作者为自己的论文匹配学术期刊，以提高论文刊登率的理性行为。

作者不可能熟知所有学术期刊，因此，大部分投稿行为是在信息不对称状态下的一种"盲选"，极大程度地依赖经验。目前，国内外出现了各种各样的辅助作者选择期刊、提高论文刊登率的工具，比如国外的Journal Guide、Springer Journal Suggester、Elsevier Journal Finder、Edanz Journal Selector，国内的悟空科研，合理使用这些辅助工具，可以更高效地选择合适的期刊。

（二）经历审稿流程

审稿是期刊编辑为保证期刊质量而筛选稿件的行为。

国外学术期刊大多实行同行评审制度，稿件是否刊登，同行专家的意见更为重要，期刊编辑、主编等人的意见不起决定作用。

国内大部分学术期刊实行三审制，即编辑初审、编辑部主任复审、期刊主编终审。在这种情况下，主编、编辑部主任及编辑均对稿件是否刊登起重要作用。现在，越来越多的国内期刊引入了同行评审制度，建立了同行评审制度与三审制结合的独特审稿流程。

具体而言，国内学术期刊的三级审查主要审查作者的层次（所属机构、所获职称和学历等）、是否有基金项目、所投论文与栏目是否对口等。其中，所投论文与栏目是否对口是首要审查点。此外，审稿时会对论文的质量进行明确判断，比如，论文结构是否完整和规范、语言表达是否清晰、逻辑推理是否严谨、创新性及研究前沿性是否足够。论文内容基本合格时，学术不端检测也是编辑审稿的一项重点工作。

同行评审与三级审查不同，主要是从专业角度入手判断论文的质量，包括衡量论文的科学性、真实性、创新性、可行性等。同行评审后，审稿专家负责提出有专业性、建设性的修改意见，一方面帮助作者提高论文质量，另一方面辅助编辑判断目标稿件到底值不值得刊登，这一过程包括学术不端检测。

在国内，学术期刊主编审稿包括宏观和微观两个方面。宏观方面为终审，包括期刊出版计划、政治性审查等；微观方面为终校，全面把控期刊出版质量。如果学术期刊主编和期刊社社长是同一个人，审稿时还要对经营因素加以考虑。在国外，学术期刊主编审稿也是从期刊发展前景入手对宏观因素进行把关。国外有期刊编辑与期刊主编角色合一的情况，因为国外学术期刊编辑部的全职工作人员一般比较少。

期刊审稿的真实流程比同行评议、三级审查都复杂，审稿专家与编辑的关系、编辑对审稿专家意见的态度、编辑与主编的关系等复杂问题均会对论文能否刊登产生影响。目前，部分期刊实行编委会负责制，这是一种多角色综合决策的审稿制度，既包括同行评审，又包括三级审查，编委会全程参与，从选题计划的制订到约稿的推行，再到审稿的完成。

（三）获知投稿结果

投稿结果一般包括退稿、录用、退修3种。如果是退稿，作者可自行处理自己的稿件；如果是录用或退修，作者需要配合编辑部进行后续操作。

学术论文投稿的注意事项

在选择目标学术期刊的环节，作者需要关注期刊的级别、声誉、审稿周期与其出版的时效性、刊登率、是否收费、是否公平审稿等。向国内期刊投稿时，作者还需要留意期刊对作者客观条件的要求。

在审稿的环节，作者应特别关注与编辑、审稿专家的互动，这个过程经常涉及论文初审被拒、外审被拒、三审被拒等各种拒稿情形，以及如何与编辑、审稿专家沟通更利于论文的最终刊登等问题。

审稿结果出来后，如果是退稿，作者可以转投其他期刊，部分编辑会为作者提供转投建议（如果作者对审稿公平性有质疑，发起申诉也是选择之一）；如果是录用，作者只需要配合编辑部走完后面的校对等流程即可。

总之，在投稿的过程中，作者既要充分了解期刊的相关信息，又要重视与编辑、审稿专家的积极互动。作者做的工作越充分，论文的质量越高、顺利刊登的可能性越大。

附 录

论文写作能力（初级）试卷

一、判断题

判断题共10题，每题1分，共计10分。

1. 论文是描述研究成果的工具，写论文是讨论或研究问题的常用手段。（ ）

难易度：简单。

答案：正确。

答案解析：本题考核知识点为"论文的定义"。论文是描述研究成果的工具（写论文是讨论或研究问题的常用手段）。

2. 在自然科学领域，在对论文与研究的关系的理解方面，"结果"与"过程"并重。（ ）

难易度：普通。

答案：正确。

答案解析：本题考核知识点为"论文与写作的学科差异"。在自然科学领域，论文两种属性（"结果"与"过程"）并重。

3. 人文学科的研究数据化、社会学科的研究定量化、经济学的研究数学化等现象不利于学科创新。（ ）

难易度：偏难。

答案：错误。

答案解析：本题考核知识点为"论文与写作的学科差异"。论文与写作的学科差异与不同学科常用的研究方法密切相关，但当前这种学科差异日益模糊，并出现了"人文学科的研究数据化""社会学科的研究定量化""经济学的研究数学化"等学科交叉发展的趋势。相比不同学科各自囿于自己的学科视野，知识交叉趋势是有利于学科创新的。

4. 研究方法的演进显著地影响了不同学科对论文写作，以及论文与研究的关系的理解。（　　）

难易度：普通。

答案：正确。

答案解析：本题考核知识点为"论文与写作的学科差异"。研究方法的演进显著地影响了不同学科对论文写作，以及论文与研究的关系的理解，比如，不同学科中习惯于使用思辨、量化、质性等不同研究方法进行研究的不同研究人员对论文的理解是有差异的。

5. 我们需要根据已有文献的数量判断选题是否有创新性，并尽可能选择那些没人研究过的选题。（　　）

难易度：简单。

答案：错误。

答案解析：本题考核知识点为"论文选题的理解"。不能简单地以已有文献的数量或者是否被研究过为判断选题是否有创新性的依据。

6. 研究主题既是研究问题、实现创新的工具和手段，又是推动论文写作的基础。（ ）

难易度：简单。

答案：错误。

答案解析：本题考核知识点为"研究主题的理解"和"研究方法的理解"。研究方法（而非研究主题）既是研究问题、实现创新的工具和手段，又是推动论文写作的基础。

7. 我们要关注研究方法的学科差异，在自然科学与工程技术领域，不能进行思辨研究；在人文社会科学领域，不能开展量化研究。（ ）

难易度：简单。

答案：错误。

答案解析：本题考核知识点为"研究方法的理解"。虽然不同领域的研究在研究方法的选择与使用上有所偏重，但并不绝对。比如，在自然科学与工程技术领域，可以进行常在人文社会科学领域进行的思辨研究，在人文社会科学领域也可以开展量化研究。

8. 在不同学科、不同研究方法、不同类型的论文中,引言的形式结构存在差异。（   ）

难易度：简单。

答案：正确。

答案解析：本题考核知识点为"引言的学科差异"。在不同学科、不同研究方法、不同类型的论文中,不仅引言内容的存在形式、结构有较大的差异,引言篇幅也多有不同。

9. 不管使用哪种研究方法,主体部分的研究过程要尽可能地做到可复制,以便他人使用同样的研究方法把研究过程重复一遍,可以得出同样的结果/结论。（   ）

难易度：简单。

答案：正确。

答案解析：本题考核知识点为"主体的理解"。不管使用哪种研究方法,主体部分的研究过程要尽可能地做到可复制,以便他人使用同样的研究方法把研究过程重复一遍,可以得出同样的结果/结论。

10. 结论的主要作用是对前文进行总结。（   ）

难易度：简单。

答案：错误。

答案解析：本题考核知识点为"结论的理解"。结论的主要作用不是"对前文进行总结",而是"对论文在选题环节和引言环节提出的研究问题进行'回答'"。

二、单选题

单选题共30题,每题1分,共计30分。

1. **以下对于选题的理解,正确的是（　　）。**

    A. 选题是选择一个研究方向

    B. 选题是选择一个研究主题

    C. 选题是拟定一个论文标题

    D. 选题是选择一个具有创新潜力的理论问题

    难易度：简单。

答案：D。

答案解析：本题考核知识点为"选题的理解"。选题包括研究主题、研究问题和研究方法3个要素,从操作过程上理解,选题是选择一个具有创新潜力的理论问题。题目中A、B、C选项是对选题的错误表述。因此D选项正确。

2. **关于思辨研究,以下说法正确的是（　　）。**

    A. 依托逻辑推理

    B. 是实证主义和理性主义的

    C. 研究方法包括比较、综述、访谈、史料考证、概念辨析等

    D. 在社会科学研究中占据主流地位

    难易度：简单。

答案：A。

答案解析：本题考核知识点为"思辨研究的理解"。思辨研究主要依托逻辑推理进行，是人文主义和理性主义的，常见方法包括比较、综述、人文评论、史料考证、概念辨析等。B选项中的"实证主义"不是思辨研究的特点，C选项中的"访谈"不是思辨研究方法，D选项所说的在社会科学研究中占据主流地位的是实证研究而非思辨研究。因此A选项正确。

3. 以下研究方法中，属于量化研究方法的是（ ）。

  A. 田野考察

  B. 案例研究

  C. 回归分析

  D. 深度访谈

难易度：简单。

答案：C。

答案解析：本题考核知识点为"量化研究的理解"。C选项"回归分析"属于量化研究方法，A、B、D选项中的研究方法都属于质性研究方法。因此C选项正确。

4. 期刊论文的引言的字数大多在（ ）。

  A.300字以内

  B.1500字以内

  C.100字以内

D.3000字以内

难易度：简单。

答案：B。

答案解析：本题考核知识点为"引言的学科差异"。虽然不同学科期刊论文的引言篇幅不一，但大部分期刊论文的引言在1500字以内。因此B选项正确。

5. 以下不属于论文主体的作用的是（　　）。

　　A.呈现研究过程与研究结果

　　B.呈现作者使用的研究方法，以及研究使用的设备、材料

　　C.呈现论文的理论基础、数据来源、研究假设，以及验证研究假设的步骤、数据结果

　　D.在标题、摘要等前置信息之后，引导读者深入了解论文的研究内容及其研究价值

难易度：简单。

答案：D。

答案解析：本题考核知识点为"论文主体的理解"。论文主体的主要作用是为读者呈现研究过程与研究结果。在论文的主体部分呈现的内容一般包括作者使用的研究方法，研究使用的设备、材料，论文的理论基础、数据来源、研究假设，以及验证研究假设的步骤、数据结果。D选项说的是引言的作用。因此D选项正确。

6. 以下不属于常见类型的摘要的是（　　）。

　　A. 报道性摘要

　　B. 指示性摘要

　　C. 报道－指示性摘要

　　D. 背景性摘要

难易度：简单。

答案：D。

答案解析：本题考核知识点为"摘要的类型"。常见的摘要有报道性摘要、指示性摘要和报道－指示性摘要，没有背景性摘要。因此 D 选项正确。

7. 标题一般不超过（　　）。

　　A. 40 个字

　　B. 25 个字

　　C. 15 个字

　　D. 10 个字

难易度：简单。

答案：B。

答案解析：本题考核知识点为"标题的字数"。标题是对论文内容极度精练的表达，一般不超过 25 个字。因此 B 选项正确。

8. 标题用词应主要为（ ）。

　　A. 动词

　　B. 名词

　　C. 实词

　　D. 虚词

难易度：简单。

答案：C。

答案解析：本题考核知识点为"标题的理解"。标题用词应以实词为主，尽量不用虚词，对动词、名词的使用并无严格限制。因此C选项正确。

9. 关键词的词性只能是（ ）。

　　A. 形容词

　　B. 动词

　　C. 名词

　　D. 副词

难易度：简单。

答案：C。

答案解析：本题考核知识点为"关键词的词性"。关键词只能是名词，不可使用形容词、动词、副词。因此C选项正确。

10. 提炼关键词时,难度最大的是提炼( )。

　　A. 主题关键词

　　B. 问题关键词

　　C. 方法关键词

　　D. 结论关键词

难易度:简单。

答案:D。

答案解析:本题考核知识点为"关键词的提炼"。与主题关键词、问题关键词、方法关键词相比,结论关键词的提炼难度最大,因为结论关键词需要呈现结论的创新性,而结论的创新性写作是整个论文写作中难度最大的。因此D选项正确。

11. 期刊论文的附加信息中,不需要由作者提供的是( )。

　　A. 数据集

　　B. 作者简介

　　C. 参考文献

　　D. 收稿日期

难易度:简单。

答案:D。

答案解析:本题考核知识点为"附加信息的理解"。收稿日期通常由编辑部提供,数据集、作者简介、参考文献需要由作者提供。因此D选项正确。

12. 关于学位论文答辩，以下说法不正确的是（　　）。

　　A. 答辩现场一般有答辩委员、答辩秘书和答辩人 3 个角色

　　B. 答辩人回答环节有即问即答和离场准备两种常见的安排

　　C. 答辩委员会成员一般为 5 人或 5 人以上

　　D. 答辩委员会成员不能是校外专家

难易度：简单。

答案：D。

答案解析：本题考核知识点为"学位论文答辩的现场情况"。答辩现场一般会有答辩委员、答辩秘书和答辩人 3 个角色。答辩人回答环节有即问即答和离场准备两种常见的安排。答辩委员会成员一般为 5 人或 5 人以上，其中至少有 2 人为校外专家。因此 D 选项正确。

13. 国外学术期刊审稿制度大多为（　　）。

　　A. 编辑初审

　　B. 编辑部主任复审

　　C. 期刊主编终审

　　D. 同行评审

难易度：简单。

答案：D。

答案解析：本题考核知识点为"学术期刊的审稿制度"。国外学术期刊大多实行同行评审制度；国内学术期刊大多实行三审

制,即编辑初审、编辑部主任复审、期刊主编终审。因此 D 选项正确。

14. "对某个学科领域中的学术问题进行研究后,记录科学研究的过程、方法及结果,用于进行学术交流、讨论或出版发表,或用作其他用途的书面材料"描述的是(   )。

   A. 课程论文
   B. 学术论文
   C. 会议论文
   D. 期刊论文

难易度:普通。

答案:B。

答案解析:本题考核知识点为"论文的类型"。现行国家标准《学术论文编写规则》(GB/T 7713.2-2022)将学术论文定义为"对某个学科领域中的学术问题进行研究后,记录科学研究的过程、方法及结果,用于进行学术交流、讨论或出版发表,或用作其他用途的书面材料"。因此 B 选项正确。

15. 以下最不可能属于国内期刊论文的是(   )。

   A. "中文社会科学引文索引"数据库收录的期刊论文
   B. 《中文核心期刊要目总览》所录期刊刊登的论文
   C. 《滨州学院学报》刊登的论文

D. "社会科学引文索引"数据库收录的期刊论文

难易度：普通。

答案：D。

答案解析：本题考核知识点为"国内期刊论文的辨析"。A 选项、B 选项都是国内知名的期刊论文，C 选项属于国内非核心期刊论文，D 选项则不一定——"社会科学引文索引"数据库简称 SSCI，虽然也收录少量国内期刊论文，但以收录国外期刊论文为主。因此 D 选项正确。

16. 关于选题和标题的关系，以下正确的是（　　）。

    A. 选题是标题的雏形

    B. 选题等于标题

    C. 先有标题，再有选题

    D. 两者的要素相同

难易度：简单。

答案：A。

答案解析：本题考核知识点为"选题的概念"。经过对论文的写作、修改，可以将选题提炼、优化为标题。选题是标题的雏形，不等于标题，在顺序上，先有选题，再有标题。选题的要素包括主题、问题和方法，标题的要素包括主题、问题、方法和结论。因此 A 选项正确。

17. 决定了论文有不同的外在形态的是（　　）。

　　A. 理论基础

　　B. 研究方法

　　C. 数据资料

　　D. 研究结论

难易度：简单。

答案：B。

答案解析：本题考核知识点为"研究方法的理解"。使用不同的研究方法，决定了论文有不同的外在形态。数据资料和研究结论不对论文的外在形态产生影响，理论基础虽然可以影响论文的外在形态，但仅限于思辨论文，不具有普遍性。因此B选项正确。

18. 关于研究与写作的关系，以下错误的是（　　）。

　　A. 可以先研究，再写作，胸有成竹

　　B. 论文写作必须在研究完成后进行

　　C. 可以在确定研究问题后，一边研究一边写作

　　D. 可以先写作，再研究，围绕研究问题求证答案

难易度：普通。

答案：B。

答案解析：本题考核知识点为"研究与写作的关系"。A选项适用于专家作者，C选项和D选项适用于新手作者。B选项过于绝对，并不适合所有作者。因此B选项正确。

19. 关于期刊论文的写作立场，以下错误的是（　　）。

A. 学术的

B. 客观的

C. 学科的

D. 世界性的

难易度：普通。

答案：C。

答案解析：本题考核知识点为"期刊论文的写作立场"。期刊论文的写作立场应该是学术的、客观的、跨学科的、世界性的、以问题为中心的。注意，虽然期刊论文的写作既可以是学科的，又可以是跨学科的，但是其写作立场必须是跨学科的，因为跨学科的立场更有利于研究问题的解释和解决。因此C选项正确。

20. 关于研究主题，以下错误的是（　　）。

A. 研究主题是选题的基础要素

B. 研究主题是提出研究问题的基础

C. 狭义的研究主题可以理解为研究对象

D. 一旦确定研究主题，其范围是不能调整的

难易度：简单。

答案：D。

答案解析：本题考核知识点为"研究主题的理解"。研究主题是选题的基础要素，是提出研究问题的基础，狭义的研究主题可以

理解为研究对象。研究主题的范围是动态的,初步确定之后往往需要一步步扩大或者缩小,直至最终确定。因此 D 选项正确。

21. 以下不属于研究主题评估标准的是(　　)。

  A. 明确具体

  B. 可被感知

  C. 使用动词

  D. 现实存在

难易度:简单

答案:C。

答案解析:本题考核知识点为"研究主题的评估标准"。研究主题的评估标准包括明确具体可感知、现实存在能举例,且多为名词。因此 C 选项正确。

22. 关于选题,以下观点错误的是(　　)。

  A. 课题选题不能直接作为论文选题

  B. 文科论文可以一边写作一边研究

  C. 研究主题可以是生活中的现象

  D. 已有的文献越多,选题越没有创新性

难易度:普通

答案:D。

答案解析:本题考核知识点为"选题的理解"。课题选题与论文选题在很多方面有很大的差异,如研究问题的大小,课题选题一般不能直接作为论文选题。任何学科的论文都可以一边写作一边研究。研究主题可以是抽象的,也可以是具体的,具体的研究主题可以是生活中的现象。选题是否有创新性,不能简单地根据已有的文献的数量进行判断。因此 D 选项正确。

23. 判断研究问题成立的标准不包括(　　)。

A. 现实中能举例说明

B. 逻辑上能自圆其说

C. 具有公共性

D. 答案是已知的

难易度:普通。

答案:D。

答案解析:本题考核知识点为"研究问题的理解"。研究问题需要能够在现实中举例说明、能够在逻辑上自圆其说,并且具有公共性、答案未知。因此 D 选项正确。

24. 关于研究方法,下面说法不正确的是(　　)。

A. 对国内期刊论文而言,研究方法并不重要

B. 研究方法是专业知识的体现之一

C. 研究方法必须明确

D. 不同学科的常用研究方法有所不同

难易度：简单。

答案：A。

答案解析：本题考核知识点为"研究方法的认识"。无论对什么论文而言，研究方法都是非常重要的，且必须明确。研究方法与专业理论是论文隐性要素"专业知识"的两种体现。由于历史传承等多种原因，不同学科的常用研究方法有所不同。因此A选项正确。

25. 关于选题的学术性，以下不属于其评估标准的是（　　）。

    A. 理论性

    B. 专业性

    C. 趣味性

    D. 创新性

难易度：简单。

答案：C。

答案解析：本题考核知识点为"选题的学术性"。综合论文的隐性要素、写作立场等知识点可知，理论性、专业性、创新性都是评估选题学术性的标准。趣味性是选题能否成立的评估标准之一，但不是评估选题学术性的标准之一。因此C选项正确。

26. 质性研究的资料来源不包括（　　）。

    A. 访谈

B. 观察

C. 影像

D. 问卷

难易度：简单。

答案：D。

答案解析：本题考核知识点为"质性研究方法的理解"。质性研究的资料来源包括访谈、观察、影像等。问卷是量化研究的数据收集方法。因此D选项正确。

27. 关于质性研究，以下表述不正确的是（　　）。

　　A. 质性研究中，收集与分析资料比较耗时

　　B. 质性研究的资料大多很复杂

　　C. 开展质性研究需要有周密的组织与设计

　　D. 质性研究是最容易开展的研究

难易度：简单。

答案：D。

答案解析：本题考核知识点为"质性研究的理解"。质性研究的资料获取与分析非常耗时，而且收集到的资料大多很复杂，开展相关研究需要有周密的组织与设计。质性研究的难度往往大于量化研究。因此D选项正确。

28. 关于混合研究，以下说法错误的是（　　）。

　　A. 可以是量化研究和质性研究的混合

　　B. 可以是思辨研究和实证研究的混合

　　C. 是研究发展的趋势之一

　　D. 必须先做质性研究，再做量化研究

难易度：简单。

答案：D。

答案解析：本题考核知识点为"混合研究方法的理解"。混合研究可以是量化研究和质性研究的混合，也可以是思辨研究和实证研究的混合，是研究发展的趋势之一。混合研究中，具体方法的选择与顺序都需要根据研究问题的需要确定。因此D选项正确。

29. 根据标题判断，以下论文不是用量化研究方法研究与写作的是（　　）。

　　A.《谁是职业农民——基于9763名职业农民的调查分析》

　　B.《重点大学教育回报：基于断点回归设计的实证研究》

　　C.《"该生"妈妈为何不生？——基于重庆市10位母亲的深度访谈》

　　D.《道德受胁如何影响自然联结？——基于多重中介的实验研究》

难易度：简单。

答案：C。

答案解析：本题考核知识点为"量化研究方法的理解"。调查分析、断点回归、实验研究都是常见的量化研究方法，深度访谈则是典型的质性研究方法。因此C选项正确。

30. 根据标题判断，以下论文不是用混合研究方法研究与写作的是（　　）。

A.《强镇改革中的县镇关系及其优化——基于扎根理论与成长上限基模的分析》

B.《欧美量子通信产业创新政策量化比较研究》

C.《基于演化博弈的水权交易双方行为策略选择及案例仿真》

D.《数字平台企业如何实现价值创造？——遥望网络和海尔智家的双案例研究》

难易度：简单。

答案：D。

答案解析：本题考核知识点为"混合研究方法的理解"。扎根理论属于质性研究方法，成长上限基模属于思维模型（既可以用于开展量化研究，又可以用于开展思辨研究），对政策进行量化比较属于量化研究与思辨研究的混合，博弈论与案例仿真本身就带有混合研究的特征。双案例研究虽然涉及两个案例，但仍然属于质性研究中的案例研究，不是混合研究。因此D选项正确。

三、多选题

多选题共 30 题,每题 2 分,共计 60 分。

1. 在国家标准中,论文的 3 种类型包括（　　）。

  A. 学术论文

  B. 学位论文

  C. 科技报告

  D. 会议论文

难易度：简单。

> 答案：ABC。
>
> 答案解析：本题考核知识点为"论文的类型"。在国家标准中,论文包括学术论文、学位论文和科技报告,会议论文属于学术论文,不是论文的 3 种类型之一。因此 A、B、C 选项正确。

2. 根据研究层次,可以将论文划分为（　　）。

  A. 基础研究论文

  B. 应用研究论文

  C. 开发研究论文

  D. 混合研究论文

  E. 博士学位论文

难易度：简单。

> 答案：ABC。
>
> 答案解析：本题考核知识点为"论文的类型"。根据研究层次,

可以将论文划分为基础研究论文、应用研究论文和开发研究论文。混合研究论文是根据研究方法划分论文的结果之一，博士学位论文是根据用途和学历层次划分论文的结果之一。因此A、B、C选项正确。

3. 在社会科学领域的实证论文中，主体部分主要是（ ）。

　　A. 呈现研究过程

　　B. 呈现研究结果

　　C. 依靠文献综述提出研究问题

　　D. 研究过程与研究结果交织呈现

　　E. 使用自然实验这一研究方法进行研究与写作

难易度：普通。

答案：ABC。

答案解析：本题考核知识点为"论文的主体"。在社会科学领域的实证论文中，主体部分通常依靠文献综述提出研究问题，并对研究过程和研究结果进行呈现，注意，研究过程与研究结果是顺次呈现的，而非交织呈现。自然实验只是实证研究方法之一，并非所有实证论文都使用这一研究方法研究与写作。因此A、B、C选项正确。

4. 关于论文选题的问题意识，以下说法正确的是（ ）。

　　A. 指对理论层面、实践层面的现状产生困惑并对其展开求解的

意识

    B. 必须通过检索并阅读大量文献进行培养

    C. 要求找到理论问题或者理论化的实践问题

    D. 需要发现学术空白

    E. 强调对研究问题给出创新性回答的可能性

难易度：偏难。

答案：ACE。

答案解析：本题考核知识点为"论文选题的问题意识"。论文选题的问题意识指对理论层面、实践层面的现状产生困惑并对其展开求解的意识，要求找到理论问题或者理论化的实践问题，强调对研究问题给出创新回答的可能性。培养问题意识，不一定需要检索并阅读大量文献，也不一定需要发现学术空白。因此A、C、E选项正确。

5. 论文选题的要素包括（   ）。

    A. 确定研究主题

    B. 确定研究类型

    C. 提出研究问题

    D. 收集研究资料

    E. 选择研究方法

难易度：简单。

答案：ACE。

答案解析：本题考核知识点为"论文选题的要素"。论文选题的要素包括确定研究主题、提出研究问题、选择研究方法。确定研究类型从属于选择研究方法环节，收集研究资料不发生在论文选题环节，而发生在确定论文选题之后。因此A、C、E选项正确。

6. 对于研究方法的理解，以下观点正确的是（　　）。

　　A. 研究方法主要指实证研究方法

　　B. 不同的研究方法决定了论文不同的外在形态

　　C. 使用科学的研究方法是保证研究质量与论文质量的基本条件

　　D. 在研究和写作的不同阶段，可能使用不同的研究方法

　　E. 选择研究方法需要在目标研究问题与诸多研究方法之间进行权衡

难易度：简单。

答案：BCDE。

答案解析：本题考核知识点为"研究方法的理解"。研究方法包括实证研究方法和思辨研究方法，不同的研究方法决定了论文不同的外在形态，而使用科学的研究方法是保证研究质量与论文质量的基本条件。在研究和写作的不同阶段，可能使用不同的研究方法。选择研究方法时，需要在目标研究问题与诸多研究方法之间进行权衡。因此B、C、D、E选项正确。

7. 研究方法的选择需要考虑（　　）。

A. 方法的前沿性

B. 方法的明确性

C. 方法的适用性（针对目标研究问题）

D. 方法的可行性

E. 方法的复杂性

难易度：简单。

答案：ABCD。

答案解析：本题考核知识点为"研究方法的理解"。选择研究方法时需要考虑方法的前沿性、明确性、可行性，以及适用性。好的研究方法不一定复杂。因此A、B、C、D选项正确。

8. 关于研究方法，以下说法正确的是（　　）。

A. 实证研究主要是运用归纳逻辑，注重从个别到一般

B. 思辨研究主要是运用演绎逻辑，注重从一般到个别

C. 可以根据不同的研究目的选择使用不同的研究方法

D. 思辨研究适合用于发现问题，质性研究适合用于描述问题，量化研究适合用于分析问题

E. 不同的研究方法仅存在问题适用性的差异，不存在难度差异

难易度：普通。

答案：ABCD。

答案解析：本题考核知识点为"研究方法的理解"。实证研究主

要是运用归纳逻辑，注重从个别到一般；思辨研究主要是运用演绎逻辑，注重从一般到个别。我们可以根据不同的研究目的选择使用不同的研究方法。思辨研究适合用于发现问题，质性研究适合用于描述问题，量化研究适合用于分析问题。不同研究方法存在难度差异，一般而言，思辨研究方法的使用难度大于质性研究方法，质性研究方法的使用难度大于量化研究方法。因此A、B、C、D选项正确。

9. 关于实证研究，以下说法正确的有（   ）。

  A. 主要依托经验材料和数据开展

  B. 具有科学主义和经验主义的特征

  C. 量化研究方法都属于实证研究方法

  D. 质性研究方法都属于实证研究方法

  E. 混合研究方法都属于实证研究方法

难易度：普通。

答案：ABCD。

答案解析：本题考核知识点为"研究方法的理解"。实证研究主要依托经验材料和数据开展，是科学主义和经验主义的。实证研究方法主要包括量化研究方法、质性研究方法和混合研究方法。混合研究方法并不都属于实证研究方法，因为不同思辨研究方法的混合使用也属于混合研究，而思辨研究不同于实证研究。因此A、B、C、D选项正确。

10. 关于量化研究方法，以下说法正确的有（　　）。

　　A. 包括问卷调查、相关分析法、实验法、数学模型法等

　　B. 回归分析是在社会科学领域做量化研究的主流方法

　　C. 自然实验法在社会科学领域使用较多

　　D. 实验室实验法主要在自然科学与工程技术领域使用

　　E. 使用量化研究方法比使用质性研究方法的研究质量高

难易度：普通。

答案：ABCD。

答案解析：本题考核知识点为"研究方法的理解"。常见的量化研究方法包括问卷调查、相关分析法、实验法、数学模型法等。回归分析是在社会科学领域做量化研究的主流方法。实验法是主要的量化研究方法之一，其中，自然实验法在社会科学领域使用较多，实验室实验法则主要在自然科学与工程技术领域使用。研究质量是一个十分复杂的概念，其影响因素很多，不能仅根据研究方法的选择与使用判断研究质量。因此 A、B、C、D 选项正确。

11. 以下属于质性研究方法的有（　　）。

　　A. 扎根理论

　　B. 民族志

　　C. 口述史

　　D. 生活史

E. 回归分析

难易度：简单。

答案：ABCD。

答案解析：本题考核知识点为"质性研究方法的理解"。扎根理论、民族志、口述史、生活史都是常见的质性研究方法，回归分析则是一种量化研究方法。因此A、B、C、D选项正确。

12. 关于混合研究，以下说法正确的是（　　）。

　　A. 结合使用不同研究方法的研究

　　B. 同时使用量化研究方法和质性研究方法进行研究

　　C. 同时进行思辨研究和实证研究

　　D. 有的研究方法本身就是混合研究方法

难易度：简单。

答案：ABCD。

答案解析：本题考核知识点为"混合研究的理解"。混合研究是结合使用不同研究方法的研究，包括同时使用量化研究方法和质性研究方法进行研究、同时进行思辨研究和实证研究。注意，直接使用混合研究方法进行的研究也是混合研究——有的研究方法本身就是混合研究方法，比如语料库、博弈分析。因此A、B、C、D选项正确。

13. 以下属于引言内容的有（   ）。

　　A. 研究理由

　　B. 研究目的

　　C. 研究计划

　　D. 研究结论

　　E. 研究缺陷

难易度：简单。

答案：ABC。

答案解析：本题考核知识点为"引言的形式结构"。引言内容包括研究理由（实践背景和文献综述）、研究目的（文献批评、前沿文献和研究问题）、研究计划（研究方法、预期结果和研究价值）。研究结论不属于引言内容，研究缺陷是结论的写作要素之一。因此A、B、C选项正确。

14. 论文的主体部分在形式结构上包括（   ）。

　　A. 导入性要素

　　B. 过程性要素

　　C. 结果性要素

　　D. 实践性要素

　　E. 评价性要素

难易度：普通。

答案：ABC。

答案解析：本题考核知识点为"主体的形式结构"。论文的主体部分在形式结构上包括导入性要素、过程性要素和结果性要素。实践性要素和评价性要素是论文结论的内容。因此A、B、C选项正确。

15. 关于论文结论的理解，以下说法正确的是（　　）。

　　A. 是做研究后得到的研究发现

　　B. 是对研究结果的理论价值与实践价值的高度提炼

　　C. 明确研究问题的答案并使其回归理论与实践

　　D. 核心要求是"有理论价值""有实践价值"和"能客观评价"

　　E. 在形式上主要指实践价值

难易度：偏难。

答案：ABCD。

答案解析：本题考核知识点为"论文结论的理解"。结论是做研究后得到的研究发现，是对研究结果的理论价值与实践价值的高度提炼，需要阐明作者对研究问题的回答并使其回归理论与实践。结论的写作要做到"有理论价值""有实践价值"和"客观评价自己的研究"。实践价值是结论的写作要素之一，不是结论的形式。因此A、B、C、D选项正确。

16. 关于论文摘要的理解，以下说法正确的是（　　）。

　　A. 是对论文主体的缩写

　　B. 主要作用是提高读者的阅读效率，便于读者进行文献检索

　　C. 要做到结构化，且有独立性和自明性

　　D. 一般使用第三人称写作或者不使用人称

　　E. 大部分学校、期刊会要求提供摘要的英文版

难易度：简单。

答案：ABCDE。

答案解析：本题考核知识点为"论文摘要的理解"。摘要是对论文主体的缩写，主要作用是提高读者的阅读效率，便于读者进行文献检索。摘要的写作要做到结构化，且有独立性和自明性，一般使用第三人称或者不使用人称。大部分学校、期刊会要求作者提供摘要的英文版。因此A、B、C、D、E选项正确。

17. 论文摘要在形式结构上包括（　　）。

　　A. 背景性要素

　　B. 作者简介

　　C. 分析性要素

　　D. 结果性要素

　　E. 基金项目信息

难易度：普通。

答案：ACD。

答案解析：本题考核知识点为"论文摘要的理解"。摘要在形式结构上包括背景性要素、分析性要素和结果性要素。作者简介、基金项目信息都属于论文的附加信息。因此A、C、D选项正确。

18. 论文标题在形式结构上包括（　　）。

    A. 主题
    B. 问题
    C. 方法
    D. 领域
    E. 结论

难易度：简单。

答案：ABCE。

答案解析：本题考核知识点为"论文标题的理解"。标题在形式结构上包括主题、问题、方法和结论4个要素。（研究）领域是研究主题的出处，不是标题的要素。因此A、B、C、E选项正确。

19. 关于参考文献的数量，以下说法正确的是（　　）。

    A. 学士学位论文的参考文献一般为20～50个
    B. 硕士学位论文的参考文献一般为40～100个
    C. 博士学位论文的参考文献应不少于100个

D. 学术论文可以没有参考文献

E. 参考文献的数量没有明确标准

难易度：简单。

答案：ABCE。

答案解析：本题考核知识点为"参考文献的数量"。参考文献的数量没有明确标准，学士学位论文的参考文献一般为20～50个，硕士学位论文的参考文献一般为40～100个，博士学位论文的参考文献应不少于100个。提供参考文献是对所有学术论文的规范要求。因此A、B、C、E选项正确。

20. 学位论文主体之前的附加信息包括（　　）。

    A. 封面

    B. 中文标题页

    C. 英文标题页

    D. 摘要页

    E. 目录页

难易度：简单。

答案：ABCDE。

答案解析：本题考核知识点为"学位论文的附加信息"。学位论文主体之前的附加信息包括封面、中文标题页、英文标题页、摘要页、目录页等。因此A、B、C、D、E选项正确。

21. 期刊论文主体之前的附加信息包括（   ）。

A. 作者署名与机构名称

B. 作者简介

C. 基金项目相关信息

D. 中图分类号

E. 文献标志码

难易度：简单。

答案：ABCDE。

答案解析：本题考核知识点为"期刊论文的附加信息"。期刊论文主体之前的附加信息包括作者署名与机构名称、作者简介、基金项目相关信息、中图分类号、文献标志码等。因此A、B、C、D、E选项正确。

22. 学位论文结论之后的附加信息不包括（   ）。

A. 致谢

B. 附录

C. 目录页

D. 摘要页

E. 参考文献列表

难易度：简单。

答案：CD。

答案解析：本题考核知识点为"学位论文的附加信息"。学位论文结论之后的附加信息包括致谢、附录、参考文献列表等,目录页、摘要页也属于附加信息,但是在学位论文主体之前。因此C、D选项正确。

23. 论文中的特殊语言包括（　　）。

  A. 编号

  B. 量和单位

  C. 表格

  D. 数字

  E. 公式

难易度：普通。

答案：ABCDE。

答案解析：本题考核知识点为"附加信息的理解"。附加信息包括各种各样的编号、量和单位、插图、表格、数字、公式等。因此A、B、C、D、E选项正确。

24. 关于学位论文答辩,以下说法正确的有（　　）。

  A. 是一种论文审查形式

  B. 是一次正式、公开、严格的学业水平考试

  C. 是在答辩委员与学位候选人（答辩人）之间开展的学术对话

  D. 是学位候选人的"学术成人礼"

  E. 是现代学位教育制度的重要组成部分

难易度：普通。

答案：ABCDE。

答案解析：本题考核知识点为"学位论文答辩的理解"。学位论文答辩是现代学位教育制度的重要组成部分，是一种论文审查形式，是一次正式、公开、严格的学业水平考试，是在答辩委员与学位候选人（答辩人）之间开展的学术对话，也是对学位候选人而言具有仪式意义的"学术成人礼"。因此A、B、C、D、E选项正确。

25. 学位论文的答辩环节一般包括（　　）。

  A. 答辩委员介绍

  B. 答辩人陈述

  C. 答辩委员提问

  D. 答辩人回答

  E. 答辩总结

难易度：普通。

答案：ABCDE。

答案解析：本题考核知识点为"学位论文的答辩环节"。学位论文答辩环节一般包括答辩委员介绍、答辩人陈述、答辩委员提问、答辩人回答、答辩总结。因此A、B、C、D、E选项正确。

26. 学位论文答辩结论包括（　　）。

  A. 通过

B. 通过但小修

C. 通过但大修

D. 基本通过

E. 不通过

难易度：简单。

答案：ABCE。

答案解析：本题考核知识点为"学位论文的答辩结论"。学位论文的答辩结论一般包括通过、通过但小修、通过但大修和不通过4种情况，不存在基本通过的情况。因此A、B、C、E选项正确。

27. 学术论文投稿的程序包括（　　）。

A. 选择目标期刊

B. 经历审稿流程

C. 获知投稿结果

D. 为了提高刊登率，一稿多投

难易度：简单。

答案：ABC。

答案解析：本题考核知识点为"学术论文投稿的程序"。学术论文投稿的程序一般包括选择目标期刊、经历审稿流程、获知投稿结果。因此A、B、C选项正确。

28. 同行评审专家对论文质量的判断主要包括衡量论文的（　　）。

　　A. 科学性

　　B. 真实性

　　C. 创新性

　　D. 可行性

难易度：简单。

答案：ABCD。

答案解析：本题考核知识点为"同行评审的理解"。同行评审专家主要从专业角度入手判断论文的质量，包括衡量论文的科学性、真实性、创新性、可行性。因此A、B、C、D选项正确。

29. 论文选题的高效操作包括（　　）。

　　A. 明确研究方向

　　B. 确定研究主题

　　C. 提出研究问题

　　D. 选择研究方法

　　E. 得出研究结论

难易度：简单。

答案：ABCD。

答案解析：本题考核知识点为"论文选题的高效操作"。论文选题的高效操作包括明确研究方向、确定研究主题、提出研究问题、选择研究方法。研究结论要在研究与写作后得出，不是论选题的高效操作之一。因此A、B、C、D选项正确。

30. 根据标题判断，以下论文，用质性研究方法研究与写作的有（   ）。

　　A.《考虑同城配送的多产品多中心两级物流网络设计及车辆路径研究》

　　B.《中美网络兴趣型社区粉丝行为对比研究——基于扎根理论探索分析》

　　C.《"开窍"与"自救"：基于网络民族志的"二本学子"学历突围历程研究》

　　D.《代际滞差与文化堕距：一位民间拳师习武传武的口述史研究》

　　E.《自媒体运作与地方社会互动——一项个人生活史视角下的经验研究》

难易度：简单。

答案：BCDE。

答案解析：本题考核知识点为"研究方法的理解"。扎根理论、民族志、口述史、生活史都属于常见的质性研究方法，数学模型则属于量化研究方法。因此B、C、D、E选项正确。